긍휼의 리더십

Compassionate Leadership
copyright ⓒ 2002 Gateway Church.
Published in English by Regal Books from Gospel Light Ventura,
California, USA
All rights reserved.
Korean Translation Copyright ⓒ 2008 by Shekinah publications.

이 책의 한국어판 저작권은 쉐키나 출판사에 있습니다.
저작권법에 의해 한국에서 보호받는 저작물이므로 무단전재와 무단복제를 금합니다.

긍휼의 리더십

지은이 _ 테드 엥스트롬 & 폴 세더
펴낸이 _ 김혜자
옮긴이 _ 이득선

초판 1쇄 펴낸날 _ 2008년 2월 25일

등록번호 _ 제16-2825호
등록일자 _ 2002년 10월
발행처 _ 쉐키나 출판사
주소 _ 서울시 강남구 대치3동 982-10
전화 _ (02) 3452-0442
FAX _ (02) 3452-4744
www.ydfc.com
www.tofdavid.com

값 9,800원
ISBN 978-89-92358-09-5 03230

※잘못된 책은 바꿔 드립니다.

쉐키나 미디어는

영적 부흥과 영혼의 추수를 위해 책, CD, TAPE, 영상물 등의 매체를 통해
하나님 나라가 7대 영역(가정 · 사업 · 교육 · 미디어 · 예술 · 도시)으로 확장되는 비전으로 나아가고 있습니다.

긍휼의 리더십

테드 엥스트롬 & 폴 세더 지음

| 예찬 |

천국복음이 의미하는 것은, 지도자들은 세상 사람들이 말하는 "성공"을 가져다 주는 계획들을 단순히 추구할 수 없다는 것이다. 예수님처럼 인도하는 것은 온정을 갖고 늘 차세대를 위해 격려하는 섬김이다. 폴과 테드는 성경이 말하는 지도력이 무엇인지를 하나하나 멋지게 설명해 주고 있다.

알런 앤드류스(Alan Andrews) 미국 네비게이토 총재

내가 〈궁휼의 리더십〉을 읽었을 때 매우 흥분되었고 축복을 받았다. 수년간 나는 테드 엥스트롬과 폴 세더를 통해 배운 바가 많다. 실제적이며 매력적인 방법으로 방대한 경험, 비전 그리고 충고를 조화시킨 이 책은 우리에게 큰 유익이 될 것이다. 많은 지도자들이 우리를 실망시키는 이 시점에, 가장 위대한 지도자, 우리 주 예수그리스도의 발자취를 따르려는 우리에게는 필독서가 되리라 믿는다.

클라이드 쿡(Clyde Cook) 바이올라 대학 총장

오늘날 역동적으로 리더십을 발휘하려는 열정은 훌륭하지만, 목자의 마음으로 긍휼의 리더십을 보인 예수님과는 거리가 먼 경우가 많다.

영혼을 돌보려는 마음을 젖혀놓고, "결과"에만 우선을 두게 되면, 지도자는 마치 기업의 총수처럼 사역하는 위험을 초래한다. 이 점에서 테드 엥스트롬과 폴 세더보다 더 균형잡힌 종의 정신을 가진 지도자론을 펴서, 성공이 입증된 사람을 본 적이 없다.

잭 헤이포드(Jack W. Hayford) International Foursquare Churches 총재

이 책은 긍휼의 종으로서 사람을 인도하신 예수님을 따르려는 모든 기독교 지도자들에게 큰 도전이 되는 내용을 담고 있다. 테드 엥스트롬 박사와 폴 세더 박사는 수십 년간 긍휼의 리더십을 실행하고 귀감이 되는 섬김으로써 수많은 사람에게 스승이 되어 주셨다. 두 분의 지혜가 이 책을 통해 여러분에게 전달될 것을 기쁘게 생각한다.

딘 허쉬(Dean R. Hirsch) 국제 월드비전 총재 및 회장

리더십에 관한 책자나 기사들이 너무 범람하여 정신을 차릴 수 없다. 하지만 섬김의 종, 예수님 중심에 관한 책은 더 나와야 한다. 나는 이 책의 본질이 현대에 우리가 익숙히 알고 있는, 성공에 신물난 것들과는 근본적으로 다른 리더십을 행사하신 예수님의 참신한 일면을 보여 준 데 있다고 생각한다. 이 책을 읽음으로써 예수님과 신선한 대면을 하고, 이를 통해 우리가 진

정한 일꾼으로 어떻게 인도할 것인지에 대한 변화가 있기를 바란다.

샘 메트캘프(Sam Metcalf) CRM(Christian Resource Ministries) 총재

긍휼의 리더십—어떤 지도자가 원치 않겠는가?!
이 책은 두 긍휼의 지도자가 썼기 때문에 진짜이다. 나의 친구들인 테드 박사와 폴 박사는 긍휼의 리더십은 성경적인 지도력이라는 것을 보여 주었다. 이는 예수님을 닮은 리더십이다.

레이먼드 오틀런드 회복 사역 총재, Heaven of Rest 방송국 전 연사

무모한 지도자, 기업의 약탈자 그리고 "죄인 안 받음"이라는 혹독한 지도자의 기업의 본이 판치는 현실에, 이 책은 근본적으로 차원이 다른 접근방법을 제시하는, 진실과 이성의 휴식처가 될 것이다. 기독교 지도자들은 〈포춘(Fortune)〉지가 선정하는 지도자들을 찾기 전에 이러한 성경적 지도자의 원칙을 찾아보아야 할 것이다.

리치 스턴스(Rich Stearns) 미국 월드비전 총재

리더십의 기업적 모델에 근거한 많은 "기독교" 서적을 읽어 본 뒤, 비로소 사랑의 목자와 사랑의 성경적 동기에 근거한 책을 읽게 되어 기쁘다. 이 책을 초보자들과 경험자들에게 강력히 추천한다.

워렌 위어스비(Warren W. Wiersbe) 작가와 성경교사

C•O•N•T•E•N•T•S

예찬 4
감사의 글 10
추천사 12
서문 18

1장 긍휼의 지도자에 대한 묘사 24
2장 긍휼의 리더십의 성경적 모델 36
3장 긍휼의 리더십의 위험성 48
4장 당신의 리더십 재능 발견하기 62
5장 긍휼의 지도자와 멘토되기 80
6장 하나님 앞에서의 우리의 책임 88
7장 긍휼의 지도자와 그 추종자들 108
8장 긍휼의 지도자의 새로운 세대 120
9장 리더가 되는 훈련 130
10장 궁극적인 기쁨 142

마지막 말 150
부록A 160
부록B 174
부록C 182
부록D 196

| 감사의 글 |

이 책의 공동저자로서 우리는, 동료이자 탁월한 저자인 노먼 로러(Norman Rohrer)에게 이 책의 출판을 위한 우리의 생각과 초기저술들에서 번득이는 예지를 함께 끌어내는, 편집상 도움의 빚을 지고 있다. 노먼은 천재적 작가이며 이 작품을 만드는 데 헌신해 주었다. 이로 말미암아 우리는 정말 감사한다.

| 추천사 |

이 책을 읽는 것은 자니 캐시(Johnny Cash)의 최근 CD를 듣는 것과 흡사하다. 우리가 자니 캐시의 음성과 음악을 들으면 즉각적으로 그가 경험이 풍부한 복고풍의 음악가라는 것을 알게 된다. 자니 캐시는 나중에 차세대의 구루(guru:힌두교의 종교적 스승)—스승이라고도 말할 수 있다.—가 되었는데, 그들은 오랜 삶의 연륜을 통해 그 넓이와 깊이로부터 노래하는 자를 찾는 세대이다. 흥미로운 것은 자니 캐시가 인생 말년에 그 어느 때보다 공개적이고 강력하게 예수님과 성경의 지혜에 대해 지목했다는 것이다. 그의 마지막 앨범, "내 어머니의 찬송가"는 전부 예수님에 대한 자신의 믿음을 노래한 것으로 구성되어 있다.

이 책은 테드 엥스트롬(Ted Engstrom)과 폴 세더(Paul Cedar)의 인생 연륜과 지도력의 지혜의 넓이와 깊이에서 나온 것이라는 점에서 비슷하다. 이 책을 통해 우리는 현재의 차세대들이 찾고 있는 리더십의 스승이자 연로한 스승들인 두 사람 아래서 배울 귀한 기회를 갖게 되었다. 일생에 걸친 연구 후 지도력 실행에 관한 책을 쓰면서, 테드와 폴은 성경의 지혜와 진실로 종됨과 긍휼로 인도하신 예수님의 본에 대해 공개적이고 강력하게 지적하고 있다.

리더십의 유행은 일어났다 사라지고, 책들은 사명선언을 만드는 것에서부터 다양한 사역부서의 개발을 가능케 하는 전략적 목적을 세우는 것까지 다양하게 저술되었다. 이것들은 사역에서 모두 필요한 것들이다. 우리는 급변하고 복잡한 세상에서 살고 있다.

하지만 이 책이 다른 책과 달리 탁월한 것은, 그냥 듣기에 좋은 새롭고 유행을 따르는 아이디어를 갖고 리더십의 현장에서 그냥 튀어오른 사람들이 아닌 두 사람에 의해 씌었다는 것이다.

테드와 폴은 장기간에 걸쳐 리더십의 경향을 관찰하였고, 이 책은 우리가 명심하고 받아들여야 할 지혜로 가득하다. 오늘날 범람하고 있는 리더십 원칙과 전략은 문화가 변화되고 리더십의 가치가 바뀌면 사라질 것이다. 하지만 자니 캐시의 노래처럼, 이 책의 내용은 어떤 유행이나 경향을 넘어서 감명을 줄 것이다. 그것들은 깊은 지혜의 보고로부터 올라온다. 마음에서 마음으로, 리더십이 무엇이며 어떤 유행을 넘어 오래 지속할 것인지에 대해 말한다. 마음과 긍휼의 삶과 종의 정신을 가지고 예수님같이 인도하는 것.

댄 킴벌(Dan Kimball) 신생교회 저자 · www.vintagefaith.com

옛 인디언 속담에 "밴연(banyan) 나무 아래서는 아무 것도 자라지 않는다."라는 말이 있다. 그 거대한 나무는 높이 치솟고 가지를 넓게 뻗어, 햇살이 그 두꺼운 잎사귀를 뚫고 그 아래에 있는 작은 묘목들에게 비치지 못한다.

불행히도, 뚜렷하고 강력한 많은 지도자에게도 사정은 같다. 그들은 높은 성취를 이루고 그 영향은 광대하다. 많은 사람들이 그들을 지도자로 인정하나, 어린 지도자들이 뿌리를 내리고 가지를 뻗을 수 있는 공간을 그들의 영향권 안에서 마련해 주지 않는다.

그것은 예수님 종류의 지도력이 아니다. 사람 가운데 계신 하나님의 아들이라는 그 엄청난 자리로부터, 자신을 낮추고 종의 자리를 취하셨다. 십자가에서 우리를 위해 죽기까지 순복하셨다.

그의 목적은 섬김으로 다른 사람을 인도하는 또 다른 긍휼의 지도자를 재생산하는 것이었다. "인자가 온 것은 섬김을 받으려 함이 아니라 섬기러 왔노라", 주님은 다투고 있는 제자들에게 한번 상기시키셨다(막 10:45). 그리고 다시, 최후 만찬석상에서 그들의 발을 씻기시고 닦아 주시면서 말씀하셨다, "내가 주와 또는 선생이 되어 너희 발을 씻겼으니 너희도 서로 발을 씻기는 것이 옳으니라. 내가 너희에게 행한 것 같이 너희도 행하게 하려하여 본을 보였노라"(요 13:14-15).

이것이 오늘 대중매체가 지도자들을 초인간성을 가진 사람으로, 너무 자주 초자아를 가진 사람으로 과장하는 반면, 따르는 자들은 예수님이 보여주신 긍휼 넘치는 섬김의 진정한 정신을 가진 사람에게 목말라 하고 있는, 우리 세계가 필요로 하는 리더십의 "예수 스타일"이다.

폴 세터와 테드 엥스트롬은 그 본보기와 원천으로부터 분명하게, 진정한 긍휼과 섬김 위주의 리더십에 관한 자신들의 생각을 제공해 주었다.

그들의 원천이 되는 책은 물론 성경이고 특별히 예수의 복음서이다. 많은 "기독교" 리더십 책들은 세속적인 리더십 모델의 거짓 복음을 외치고 신중하게 선택된 성경구절 뒤로 자신들의 진정한 취지를 숨긴다. 하지만 테드와 폴은 예수님의 삶과 사역을 그려내는 원천 속으로 들어갔다.

그래서 자신들의 삶 속에서, 두 사람이 동료로 지낸 세월들을 통해 그리고 지도자로 지낸 시간들을 가로 질러서 그들이 표현한 확신들을 만들어 냈다.

테드 엥스트롬은 Youth for Christ(기독청년단)와 종교출판을 이끌고 월드비전의 전설적 인물 밥 피어스(Bob Pierce)의 제 2인자로 있었다. 이 역동적 기관의 두 총재를 보필한 후 그는 가장 유력한 총재가 되었다.

폴 세더는 빌리 그레이엄 조직의 일부로 있었다. 그리고 난 뒤 나의 몇 개의 전도 협의회에서 책임자로서 나와 가까이 일했다. 나중에 두 탁월한 교회의 목사로, 미국 복음자유교회의 의장으로, 그리고 Mission America Coalition의 대표로 있는 동안 그리고 세계복음화를 위한 로잔 위원회(Lausanne Committee)의 의장을 지내는 동안 그는 계속해서 하나님의 사람들을 섬기는 일에 긍휼의 지도력에 대한 감각을 보여 주었다.

이 두 사람의 공통점이 무엇일까? 첫째, 그들은 항상 자신들의 자아가 아니라 예수님에게 인도받고 하나님을 높이는 것을 추구했다. 둘째, 그들은 자신들의 명성을 쌓으려고 하는 자들이 아니라 타인들과의 긴밀한 협조를 통해 일하는, 제국건설자들이 아닌 왕국 추구자들이었다.

셋째, 두 사람 모두 자신들의 삶을 차세대를 위해 쏟아 붓기를 추구하면서 그 차세대가 자랄 수 있도록 여지를 만들어 주어, 젊은 지도자들에게 스승(mentor)이 되어 주었다. 여러 탁월한 지도자들이 폴이나 테드 혹은 두 사람 모두가 자신들의 삶에 근간이 되는 영향을 주었다고 내게 말했다.

그들은 밴연나무(Banyan Tree) 지도자가 아니다. 오히려 예수님같이, 예수님을 위하여, 타인들을 예수님께로 인도하기를 추구한다 … 그리고 항상 그분에 의해 인도함을 받는다.

그들의 리더십 경험으로부터 폴과 테드는 자신들이 살아 온 몇 가지 중요한 진리들을 발췌하였다. 그것이 이들이 당신과 함께 나누고자 하는 것이다.

이것은 간단하고, 직접적이며, 이해하기 쉬운 책이다. 버트런드 러셀은 "심오함이 없는 단순함에는 아무 가치를 두지 않으나 심오한 것을 단순하게 만든 것에는 어떤 대가라도 치른다"고 하였다.

많은 시간을 통해, 다양한 상황과 복잡한 리더십 도전을 겪는 동안 저자들은 예수님 안에 (혹은 향한) 있는 단순성에 도달하게 되었다.

현재 일어나고 있는 많은 지도자들이 긍휼의 리더십의 동일한 영을 발견하고 섬김의 단순한 행동을 통해 살아가기 바란다.

레이톤 포드 총재 · 레이톤 포드 사역 · 샬롯, 노스 캐롤라이나

| 서문 |

리더십에 관한 논의는 주로 힘, 관리 혹은 조직에 초점을 맞춘다. 최근에 기독교인들은 종종 그들의 리더십 논의에서 "종된"이라는 단어를 덧붙이곤 한다. 오늘 우리는 한 걸음 더 나아가 "긍휼히 여기는"이라는 단어를 덧붙일 것이다.

이 두 형용사—전반적인 "종된"과 좀더 초점을 맞춘 "긍휼히 여기는"—는 리더십 논의를 새롭고 복된 영역으로 밀어넣을 것이다.

다른 영적 훈련들처럼, 긍휼함을 베푸는 종된 리더십은 쉬운 것도 자연스러운 것도 아니다. 그러나 누구라도 예수님을 주로 순복하고 말씀의 기본적인 원칙들을 자신들의 일상생활에 적용함으로써 목표에 도달할 수 있다.

이 책은 종됨의 넓은 목표와 긍휼의 특정한 표현, 모두 다룰 것이다. 우리의 가설은 "너희 중에 누구든지 크고자 하는 자는 너희를 섬기는 자가 되고…. 인자가 온 것은 섬김을 받으려 함이 아니라 도리어 섬기려 하고"(막 10:43) 라고 하신 예수님의 말씀에서 비롯한다.

이는 지도자들이 따르는 자들보다 더 중요하다고 하는 통념을 날려 버린다.

모든 성숙한 그리스도인들은 섬기는 지도자들이다. 진정으로 섬기는 모든 지도자들은 긍휼함을 보여 줄 것이다. 그들은 어떻게 하면 "[자신들의] 지극히 거룩한 믿음 위에 자기를 건축"(유다 20)하는지를 안다. 그리고 계속해서 격려하고 다른 신자들이 예수 그리스도를 아는 지식과 은혜에서 자라가도록 만들어 준다. 한마디로, 그들은 자신들의 제자가 아니라 예수의 제자를 길러 내기를 원한다. 그리고 예수님이 하셨던 방식 그대로 자신들도 하기를 원한다.

"가볍게 잡고 강하게 몰기." 이것은 경마의 원칙인데, 섬김의 리더십 훈련을 포함해 인생의 다른 영역에서도 성공으로 이끌 수 있는 원칙이다. 우리 주님은 약속하시기를 비록 섬김의 지도자가 남보다 더 많이 일하겠지만, 또한 심령 깊은 곳에서의 풍성한 기쁨도 남보다 더 경험할 것이라고 하셨다.

예수님의 부르심은 기독교인 삶의 역설을 강조하여 섬김의 지도자, 긍휼히 여기는 지도자가 되라는 것이었다.

"너희 중에 누구든지 크고자 하는 자는 너희를 섬기는 자가 되고 너희 중에 누구든지 으뜸이 되고자 하는 자는 너희 종이 되어야 하리라.-인자가 온 것은 섬김을 받으려 함이 아니라 도리어 섬기려 하고 자기 목숨을 많은 사람의 대속물로 주려 함"(마 20:26-28) 같이.

당신은 긍휼한 섬김의 지도자가 되기를 원하는가? 그렇다면 이 간단한 지침들을 가지고 시작하라.

관대하라

오순절 이후, 사울이라는 기세등등한 랍비가 다메섹 도상에서 예수님을 만나 회심했을 때, 사도들은 의심스러웠다.

"이 살인자가 꾸며대는 거야!"

사울이 회심 했다는 소식이 들려 왔을 때 그들이 말했다.

"교회 내로 들어오려는 파괴분자의 술책이라구."

바나바(격려자―성경에는 권위자로 번역되어 있음:역자주)는 사울이 다메섹에서 예루살렘으로 왔을 때 그를 만나 주었다.

나중에 그의 형제들에게 "사울이 주님을 뵈었다."라고 말하면서 "다메섹에서 그가 복음을 담대히 전했다. 이 사람 바울은 진실하다."라고 말해 주었다.

믿고 도와주라

두 사람이 선교사로 떠나려고 준비하면서 바나바는 마가 요한을 데려가자고 바울에게 제안했다. 하지만 바울은 완강히 반대했다. 바나바는 마가 요한의 편을 듦으로써 사도와의 관계가 나빠지는 것을 개의치 않았다.

"미안해요 바울, 나는 당신이 이 젊은이를 낙심시키는 것을 두고 볼 수 없어요. 그 사람을 망치게 될 거예요."라고 그는 말했다.

모든 사람을 격려하라

예루살렘에서 헬라파 유대인들의 교제 문제가 대두되었다. 바울은 떠나 있었고, 베드로는 애를 썼으나 해결할 수 없었으며 교회 안에서는 이 문제를 토론할 준비가 되어 있지 않았다.

바나바는 편견이 없는 사람이었다. 이 "격려자"는 기쁘게 자원했으며 그가 예루살렘에 당도했을 때, 그들 가운데서 하나님의 역사가 일어나는 것을 기뻐하면서 보고하였다.

기뻐하라

오순절 이전, 사도들이 유다의 죽음으로 인한 공석을 메우려 제비뽑기를 하여 맛디아가 뽑혔다. 바나바라 불리는 요셉이 떨어진 것이다. 요셉이 후보에는 올랐으나 열두 번째 사도로는 선출되지 못했다.

그가 삐쳤는가? 상처받고 자기 상처를 달래고 있었는가? 천만에 말씀. 레위 족속의 요셉—바나바—는 패자였기 때문에 '왜 그렇게 열심히 했던가' 라고 생각하기 쉽다.

'왜 재산을 팔아 어려운 교회에 바쳤을까?' 모든 신자들이 사울에 대해 의심할 때 왜 개입했을까? 왜 무명한 마가 요한과 함께 동행함으로써 선교 여행의 성공에 위험을 감수했을까? 왜 논쟁을 일삼는 유대인들과 예루살렘의 그리스도인들을 하나 되게 하려고 했을까?

그가 그렇게 한 것은, 이방인의 입장에서 소속감을 갖기를 원하는 것이 어떤지 알고 있었기 때문이었다.

다른 사람을 도와주라

요셉의 이름은 그의 성품에 맞추어 "격려자—바나바"로 바뀌었다.

만일 어떤 사람이 당신의 삶의 모습을 보고 이름을 바꾸어 준다면, 뭐라고 부를 것 같은가? 그들이 당신을 "긍휼자"라고 부를 것 같은가? 아니면 "종된 지도자"는 어떠한가?

내가 붙드는 나의 종, 내 마음에 기뻐하는 나의 택한 사람을 보라. 내가 나의 신을 그에게 주었은즉 그가 이방에 공의를 베풀리라. 그는 외치지 아니하며 그 소리로 거리에 들리게 아니하며 상한 갈대를 꺾지 아니하며 꺼져 가는 등불을 끄지 아니하고 진리로 공의를 베풀 것이며 그는 쇠하지 아니하며 낙담하지 아니하고 세상에 공의를 세우기에 이르리니 섬들이 그 교훈을 앙망하리라(사 42:1-4).

이 책의 성경적 교훈은 저자들의 여러 복합적인 경험으로부터 검증된 것이다. 부디 이 책이 당신을 감동시켜 우리의 첫 번째 긍휼의 지도자—우리에게 이 말씀을 상기시켜 주시는 분 : "여기 내 형제 중에 지극히 작은자 하나에게 한 것이 곧 내게 한 것이니라"(마 25:40, 새 킹제임스 역)—에게 순종하게 되길 바란다.

1장
긍휼의 지도자에 대한 묘사
PORTRAIT OF A COMPASSIONATE LEADER

긍휼의 지도자에 대한 묘사

본으로 가르치심

유월절 직전, 예루살렘의 다락방에서 주님은 섬기는 지도자의 완벽한 본을 보여 주셨다. 아무 말씀 없이 예수는 자리에서 일어나 겉옷을 벗고 수건을 가져다가 허리에 두르셨다.

그리고 대야에 물을 담아 제자들의 발을 씻기시고 두르신 수건으로 발을 닦아 주셨다. 주님은 말씀하셨다. "내가 주와 또는 선생이 되어 너희 발을 씻겼으니 너희도 서로 발을 씻기는 것이 옳으니라"(요 13:14).

주님이 겉옷을 입고 다시 상에 앉으셨을때 제자들에게 물으셨다, "내가 너희에게 행한 것을 너희가 아느냐?"(요 13:12).

주님의 가르침의 핵심적 내용은 "내가 본을 보였으니"이다. 주님은 진리를 말씀으로만 한 것이 아니라 그대로 사셨다. 제자들에게 본을 보여 주실 마지막 때가 올 때까지 기다리지 않으시고 사역을 시작하실 때부터 본을 보이시며 섬기셨다. 제자들은 주님의 가르침을 교과서를 쌓아놓은 교실에서 배운 것이 아니라 사람들과 함께하는 일상의 삶 속에서 배웠다. 예수님은 그분을 따르고자 하는 사람들에게 산 본보기였다.

사도 베드로는 주님이 보이신 본에 대해 "이를 위하여 너희가 부르심을 입었으니 그리스도도 너희를 위하여 고난을 받으사 너희에게 본을 끼쳐 그 자취를 따라 오게 하려 하셨느니라"(벧전 2:21)고 썼다. 이것이 바로 1896년 캔자스 토페카(Topeka, Kansas)에서 찰스 쉘던(Charles Sheldon) 목사가 쓴 〈그분의 발자취(In His Steps)〉의 주제이며, 그 교회에서는 매주 한 장씩을 젊은 이들에게 읽어 주었다. 〈Publishers Weekly(주간 출판인회)〉는 이 책이 성경을 제외하고 금세기에 최다량으로 배포되었다고 보고했다.

주님이 우리를 부르신 섬김의 지도자란 부자연스러운—역설적인 유형이다. 주께서 심히 고통받으신 그 밤에, 그리스도께서는 그의 고통, 수치 그리고 바로 앞에 놓인 죽음에 대해 잘 알고 계셨다. 주님은 사랑과 후원 그리고 제자들의 격려가 필요하셨다. 하지만 주님이 가장 그들을 필요로 할때, 그의 가장 절친하고 믿었던 벗이 은 30냥에 주님을 "팔아서" 배신한 것이다.

그리고 이때에 아무도 주님을 보살펴 드린 사람이 없었다. 대신에 주께서 사랑과 겸손으로 그들에게 다가가, 가장 비천한 일을 행하셨다—그들의 발을 씻어 주셨다(심지어 곧 배신을 하게 될 유다의 발까지도).

제자 중 어느 누구라도 관심을 가졌는가? 무슨 일이 일어날지 알아 챘는가? 그렇지 않았을 것이다. 대신에 그들은 장차 도래할 왕국에서 누가 그리스도의 좌편과 우편에 앉을 것인지에 대해 논의하고 있었다.

각자는 자기가 영광받기에 합당하다고 느끼면서 자기들의 지위를 주장하고 있었다. 고통과 끔찍한 죽음에 대해 논의하는 것을 생각하기보다 열두 제자들은 장차 도래할 그리스도의 나라에서 즐기게 될 권세와 영광이라는 주제에 더 관심을 쏟았다. 잠시 후 가장 믿었던 제자 중 하나가 돈 몇푼에 그를 팔 것이다.

제자들의 관심이 장차 올 하나님 나라에서의 지위에 정신이 팔려 있는 것은 새삼스러운 것이 아니다. 심지어 그 어머니들 중 하나도 제자들 가운데 일어난 권력다툼에 개입이 되었다. 세베대의 아들들인 야고보와 요한은 장차 그 나라에서 좌편과 우편을 요청하기에 너무 수줍어서였을까?(마 20:20-21) 이 얼마나 기막힌 요청인가! 그들은 사랑하는 어머니가 간청하는 것을 예수님이 거절하기가 더 어려울 것이라 생각하면서 자기 어머니에게 요청해 달라고 부탁한 것일까?

예수님이 대답하신 것은, "너희가 구하는 것을 너희가 알지 못한다."(마 20:22)였다. 그리고는 야고보와 요한에게 물으셨다. "나의 마시려는 잔을 너희가 마실 수 있느냐?" 조금도 주저없이 그들은 "할 수 있나이다!" 라고 대답했다. 슬프게도 그들은 시선도 마음도 예수님께 맞추어져 있지 않았다. 그들은 권력과 명성을 선호했으며 유명해지길 원했다. 순진하게도 자기들이 그런 보상을 받기에 합당하다고 믿고 있었다.

그들의 마음과 생각을 바로잡아 주기 위해, 주님은 제자들에게 "이방인의 집권자들이 저희를 임의로 주관하고 그 대인들이 저희에게 권세를 부리는 줄을 너희가 알거니와 너희 중에는 그렇지 아니하니 너희 중에 누구든지 크고자 하는 자는 너희를 섬기는 자가 되고 너희 중에 누구든지 으뜸이 되고자 하는 자는 너희 종이 되어야 하리라. 인자가 온 것은 섬김을 받으려 함이 아니라 도리어 섬기려 하고 자기 목숨을 많은 사람의 대속물로 주려 함이니라."(마 20: 25-28)고 말씀하셨다.

우리가 주님의 가르침을 오늘 우리의 삶과 상황에 적용하고자 할 때, 열심이 적은 제자들은 주께서 제시하신 중요한 원칙들에 열광하지 않을지 모른다. 부디 긍휼을 베푸는 섬김의 정신을 가진 리더십에 관한 주님의 가르침에 주의를 잘 기울이기를 바란다.

세 가지 타협할 수 없는 명령

예수님께서 십자가에 못박혀 돌아가시기 얼마 전에, 주님은 박애적 봉사를 통해 나타나는 긍휼의 지도력에 관한 아래의 세 가지 원칙을 주셨다.

1. **크고자 하면 섬기는 자가 되어야 한다.** 우리들 대부분은 "큰자"가 되거나 혹은 평균이상이 되고자 한다. 어릴 때 임금님 놀이를 해본 적이 있는가? 어른들 역시 이모저모로 정상을 차지하고 싶어 한다. 때로 그들은 권력 놀이나 정치 혹은 돈 또는 위협을 사용한다. 얻을 수만 있다면 무엇이든지.

이 정상에 대한 마수는 자신을 세우기 위해 경쟁자들에게 험담과 비방을 일삼고 상대를 파괴시키도록 이끈다. 우리 세계에서 많은 성인들이 정치적 압력을 행사하거나 가족배경을 이용하여, 혹은 과거에 도움을 준 일로 지위를 보상받는 것으로 권력을 거머쥐는 것이다.

이것이 세상에서 통하는 것이기에, 야고보와 요한이 예수님께도 통하리라고 생각한 것은 당연했다. 하지만 통하지 않았다. 그리고 이것은 오늘 우리에게도 통하지 않는다.

어떻게 하면 하나님의 나라에서 진정한 큰자가 될 수 있을까? 겸손하게 기꺼이 섬기는 자가 됨으로써 될 수 있다. 하나님의 나라에서 큰자가 되기 위해 겸손하게 주님과 타인을 적극적으로 섬김으로써 가능하다. 겸손과 섬김의 리더십은 너무 밀접하게 연결되어 있기에 겸손한 사람들은 큰자로 인정받는 것에 그다지 관심을 두지 않는다.

2. **첫째가 되려면 섬기는 자가 되어야 한다.** 첫째가 되기 위한 두 번째 거룩한 원칙은 크고자 하는 자에게 주신 그것과 같다. 즉 섬기는 자가 되어라.

제자들은 특혜를 입은 자들이다. 그들은 예수님이 택하신 12명의 선발 집단에 들었다. 이는 그 유대인들에게는 중요한 것이었다. 의심할 여지없이, 그들은 자신들을 하나님 나라에서 중요한 사람들로 생각했다. 이 사람들은 지도자였다. 다른 말로 하면 선택받았으며, 자치권을 받았고, 하나님 나라의 가르침을 위탁받았던 것이다.

하지만 이들은 단순히 특혜를 입는 것 그 이상을 원했다. 각자가 모두 첫째가 되기 원했다. 특혜를 구했던 야고보와 요한은 이미 열두 제자 중에서 선택된 세 사람 가운데 들어 있었다. 복음서에서 수차례나 중요한 사건이 있을 때, 야고보와 요한과 베드로가 예수님과 함께 있었다는 것을 우리는 보았다. 변화산에서 있었던 사건이 그중의 하나다. 여기서 야고보와 요한이 베드로를 제거하여 선택된 사람을 둘로 줄이고자 시도하는 것이다. 그들의 전략은 어머니를 보내서 예수님께 말해 가지고 모든 것을 영단번에 정해 버리고자 하는 것이었다.

이것은 기막힌 계획이다. 그들은 누가 예수님의 좌편에 앉을지 누가 우편에 앉을지에 대해서는 예수님이 정하도록 관대히 버려둘 작정이었다. 이들은 자신들이 가장 큰 영예를 누릴 자격이 있다고 확신하고 있었음에 틀림없다. 형제로서, 그들은 그리스도 곁에서 영원히 "함께 하고자" 했다.

첫째 자리 혹은 최고의 영예에 대한 욕구는 여전히 우리 기독교계에도 잠복해 있다. 빌리 그레이엄 형제와 함께 동역해 온 우리는 도시복음화를 위한 준비단계에서, 상당수의 목사와 기독실업인들은 거의 아무것도 하지 않고 있다가 그레이엄 목사가 예비모임을 위해 도시에 당도했을 때에야, 한 자리 얻어 보겠다고 어떤 술수와 책략을 쓰는지를 보았다. 그들은 오찬장에서, 전도대회장에서 사람들이 보기에 최고의 자리를 원한다.

대조적으로, 대부분의 부모들과 평신도 지도자들은 전도집회를 준비하는 몇 달 동안 보이지 않는 곳에서 조용히 능률적으로 섬긴다. 이러한 사람들은 크고자 하는 것을 생각하지 않으며 누가 인정을 받을 것인지 혹은 누가 첫째 자리를 차지할 것인지에 대해서는 염려하지 않는다. 대신 주님과 타인들을, 진정한 섬김의 지도자로서 기쁘게 섬긴다.

3. 으뜸이 되기 원하면, 우리는 반드시 예수의 본을 따라야 한다. 주님은 몸소 행하심으로, 긍휼의 지도자가 어떻게 행해야 하는지에 대한 최고의 본을 우리에게 제공해 주셨다. 우주의 주인, 우주의 창조주께서 이땅에 오사 모든 사람들에게 자비를 베풀고 섬기려고 오신 것을 상상해 보라. 그분은 비천한 자리에서 섬기실 뿐 아니라 많은 사람의 대속물로 자기 목숨을 주셨다(마 20:28). 다른 지도자는 취하나, 예수는 주셨으며 다른 지도자들은 종을 거느리고 종들이 대령하였지만 예수는 아무도 없으셨다. 그분 자신이 섬기셨던 "종"이셨다.

얼마나 훌륭한 본을 우리에게 주셨는가. 기독지도자론에 대한 얼마나 강력한 진술인가. 그리고 이 얼마나 우리가 본받아야 할 모범인가. 그는 기독 제자도의 두 가지 기본 선택을 제공했다. 즉 섬김과 내어줌이다.

섬김

이는 기독교인의 삶의 핵심이다. 즉 진정한 필요가 있는 사람들에게 예수 그리스도의 사랑과 성령의 능력으로 섬기는 것이다.

어떻게 섬길 것인가? 우리 주님이 섬기셨듯이 섬기는 것이다.

그분은 종의 지도자의 완벽한 모범이시다. 사도 바울은 빌립보 교인들에게 편지하면서 "예수는 단순히 종같이 행동하신 것이 아니다. 그게 아니라 그분은 종이 되셨다"(빌 2:5-11)고 하였다.

내어줌

우리 주님이 명백하게 가르치신 것은 그가 많은 사람의 대속물로 자기 목숨을 주러 오셨다는 것이다. 그 분을 따르는 우리도 기꺼이 동일한 일을 해야 한다. 다른 사람들을 위해 우리 자신(만약 필요하다면 생명이라도)을 주는 것이다. 사랑받는 제자 요한은 이런 식으로 말했다 : "그가 우리를 위하여 목숨을 버리셨으니 우리가 이로써 사랑을 알고 우리도 형제들을 위하여 목숨을 버리는 것이 마땅하니라"(요일 3:16).

어떻게 이러한 "내어줌"이 있을 수 있는가? 요한은 계속해서 설명한다: "누가 이 세상의 재물을 가지고 형제의 궁핍함을 보고도 도와줄 마음을 막으면 하나님의 사랑이 어찌 그 속에 거할까 보냐?" 그는 다음같이 선포하면서 결론 내린다. "자녀들아 우리가 말과 혀로만 사랑하지 말고 오직 행함과 진실함으로 하자"(17-18절).

섬김의 지도자는 하나님께서 그들에게 무엇을 주셨건 다른 사람들에게 주기를 원한다. 이 지도자는 아무것도 소유하지 않는다. 왜냐하면 모든 소유가 다 하나님께로부터 왔고 그것이 필요한 모든 사람들에게 줄 준비가 되어 있기 때문이다. 국제 월드비전의 창시자 밥 피어스(Bob Pierce)는 역대하의 구절을 독일 개역판에서 인용했는데 그것은 이렇게 되어 있다: "우리가 가진 모든 것이 하나님께로부터 왔습니다. 그리고 우리는 그것을 그분의 손을 통해 다시 드립니다."

캘리포니아 라 미라다(La Mirada)에 있는 탈봇 신학교의 로버트 소시(Robert Saucy) 교수는 긍휼의 삶과 섬김의 도에 관해 다음과 같이 뛰어난 묘사를 했다.

"사람들은 오늘날 섬김의 도를 좀더 평등하고, 덜 지배적인 것으로 새로운 리더십 유형에 대해 얘기합니다. 하지만 여전히 현격한 차이가 있습니다…. 예수는 종의 역할을 하거나 섬기는 지도자 유형에 대해 말씀하신 것이 아닙니다. 주님은 종이 되는 것에 대해 말씀하셨습니다. 종은 오직 다른 사람의 유익을 위해 인도한다는 것이 극단적인 차이입니다. 자기가 인도하는 사람들이 그의 궁극적인 목표이지 다른 목적을 위한 수단이 아닙니다."[1]

우리 주님이 말씀하실 때 이 원칙을 분명히 가르치셨다. "무릇 네게 구하는 자에게 주며 네것을 가져가는 자에게 다시 달라지 말며 남에게 대접을 받고자 하는 대로 너희도 남을 대접하라"(눅 6:30-31). 섬기는 지도자는 후하게 준다. 마치 주님이 주시고 주시고 … 그리고 더 주시는 것처럼.

우리 삶의 처지가 어떠하든지, 하나님은 우리를 긍휼을 베풀고 사랑하는 지도자로서 우리의 최선을 주님께 드리는 신자로 우리를 부르셨다.

총명하고 유망한 한 의사가 어느 날 중요한 결정을 두고 고심했다. 그의 명성이 높아 가는 동안, 한국의 한 마을에 중요한 수술을 하러 가라는 긴급 요청을 받았다.

그는 처음에는 거절했다. " 하나님 제 일정이 수 주일 동안 꽉 차 있는데 제가 어떻게 갑니까?" 하지만 신약에, 처음에는 안 간다고 했다가 갔던 그 사람처럼, 이 의사도 나중에 한국의 선교사 병원에서 수장이 되었다.

수년 뒤, 동료의 방문을 받고 이 의사는 물었다.

---

1. 로버트 소시, 폴 세더(Paul Cedar), 섬기는 지도력의 힘(Strength in Servant Leadership)에서 인용 (Waco, TX: Word Books, 1987), p.85.

"오늘 오후에 수술이 있는데 참관하시겠습니까?"

"예, 하겠습니다." 그 동료는 말했다.

그날 오후 대부분을 그 방문자는, 수술대 주변을 둘러싸고 유심히 관찰하는 한국의 의대생들을 발코니에서 내려다 보았다. 해가 양철지붕을 스치며 져 갈 때까지 의사는 다섯 시간짜리 수술을 계속 집도하고 마무리 지었다.

의사가 수술실에서 나왔을때, 그 동료가 물었다 "매일 이런가요?" 그 의사는 이마에 맺힌 땀방울을 닦으며 다만 미소 지을 뿐이었다.

"이렇게 해서 얼마를 받으세요?" 동료가 물었다.

그 의사는 저만치 물러간 그 가난한 한국 여인이 손에 지닌 것이 동전한 닢뿐이라는 것을 알았다. 그리고 돌아서서 눈물이 쏟아지는 눈으로 동료를 바라보았다.

"글쎄요, 저는 그 여인의 감사와 내 주님의 미소를 받습니다. 하지만 그것은 이 세상이 줄 수 있는 어떤 벌이보다 더 가치가 있습니다."

주님은 우리를, 긍휼을 베풀고 주는 자가 되라고, 우리가 가진 선천적인 은사와 영적인 은사를 실질적으로 평가하여 그것을 "이 세상이 줄 수 있는 어떤 유익보다 더" 가치 있는 일에 투자하라고, 부르셨다.

2장
긍휼의 리더십의 성경적 모델
THE BIBLICAL MODEL OF COMPASSIONATE LEADERSHIP

긍휼의 리더십의 성경적 모델

섬기는 지도자

예수님은 긍휼의 리더십과 섬김을 추구하는 리더십의 완벽한 모범이시다. 그분이야말로 우리가 따라야 할 본이시다. 기독교인들은 신뢰하고 이해하고 따를 수 있는 산 표본으로 주님을 지혜롭게 바라보아야 한다. 우리는 긍휼의 종된 지도자들을 모든 곳에서 찾을 수 있다. 공장에서, 책상 뒤에서 비행기에서 기차와 버스 그리고 자동차 내에서. 그들 중 한 사람은 '리처드 셀저'라는 이름의 의사로 매주 수요일 오후에 공공 도서관을 방문하여 책을 읽으러 모인 연세드신 노인들과 함께 한다.

그의 이야기는 흄 레이크(Hume Lake) 크리스천 캠프 가을 수련회 때 밥 크레닝(Bob Kraning) 목사가 전한, '섬기는 지도자' 라는 설교에 나왔다.

그 공공 도서관 열람실에 모이는 사람은, 정기적으로 참석하는 중심적인 6명과 가끔씩 참석하는 8명으로 구성되어 있었다. 어느 몹시 추운 날에는 그 여덟 명이 다 나타나 신문걸이대 있는 쪽이 약간 혼잡해지기도 했다.

하루는 그 의사가 뒤뚱거리는 80대의 노인을 위해 정문을 붙잡고 있었는데, 그 붉은 얼굴을 한 노인은 자기 걸음걸이에 대해 사과했다.

그는 억지로 웃으면서, "이 관절이 녹슬었어요." 라고 했다.

"서두르지 마세요." 라며 의사는 노인을 안심시켰다.

하지만 "네커치프(Neckerchief)" 씨가 〈토요비평(Saturday Review)〉을 읽으려고 앉기 위해 애쓸 동안 그는 고통으로 신음소리를 냈다.

의사가 속삭였다. "관절 때문인가요?"

"아니오, 발가락 때문에" 라고 대답했다.

"발가락이 뭐가 잘못 되었나요?"

"발톱이 너무 긴데 내가 깎을 수 없어요. 내가 그 위로 걷고 있거든요."

그 의사는 도서관에서 나가 자기 사무실로 가서 모든 직원들을 놀라게 했다. "난 발톱깎이가 필요해요, 내일 돌려 드릴게요." 라고 말했다.

도서관에서, 네커치프 씨는 토요비평을 〈U.S. News and World Report〉지로 바꿔 읽고 있었다. 그 의사는 그가 치렀어야 할 대가를 다만 짐작할 뿐이었다.

"자, 화장실로 가시죠." 라고 의사가 말했다.

"제가 발톱 깎아 드릴게요."

그는 뼈속에서라도 뽑을 것 같은 튼튼한 손톱깎이를 보여 주면서 한 화장실 안으로 들어갔다.

그 노인은 주의를 주었다.

"신발끈은 풀지 말아요. 난 그냥 신었다 벗었다 해요."

양말을 다 벗기고 의사는 그 발톱들을 제거하기 시작했다. 두 엄지발가락은 마치 염소뿔과 같았다. 발가락마다 마른 핏자국이 있었다. 몇 사람들이 들어 와서는 옆 화장실 칸으로 들어갔다. 의사는 속으로 '저들은 궁금할 테지' 생각했다.

그것은 거의 한 시간이나 걸렸다. 가끔씩 발톱조각들이 날아와 의사의 얼굴에 튀었다. 다 끝난 뒤 그는 휴지를 적셔서 발가락들을 닦아 주고 양말과 신발을 다시 신겨 주었다.

그 노인은 일어서서 시험해 보더니 미소를 지었다. "기가 막히게 잘 하셨네요. 하나도 안 아파요!" 라고 탄성을 질렀다. "얼마 드려야 하나요?"

"공짜예요." 라고 의사가 대답했다.

나중에 그는 "스토브파이프(Stovepipe)"씨의 발톱을, 그리고 "프린지(Fringe)" 여사(그들은 여자 화장실을 반 시간이나 점령하고 있었다)의 발톱을 정돈해 주었다. 그 다음부터 셀저 박사는 수요일 아침 도서관에 갈 때, 가방에 손톱깎이를 반드시 챙겼다.

"어찌 될지 모르니까요." 라고 이 섬김의 지도자는 말했다.

그렇다면 왜 이 의사와 같은 더많은 지도자가 없는 것일까, 화려한 자리에서 비껴나서 주님과 같은 입장이 기꺼이 되고자 하는 더 많은 남녀가 왜 없는 것일까? 그저 한 가지는, 이 궁휼의 지도자란 총체적 개념은 부자연스럽게 보인다는 것이다. 왜냐하면 결국, 세상에서는 지도자들의 일반적인 일을 다른 사람을 섬기는 것과는 관련 짓지 않는다.

사실, 다른 사람들이 시중들어 주는 것—필요한 것은 다 가지면서—이 보통 리더십의 위치와 함께 오는 특전이라고 여겨지는 것이 아닌가?

사도 베드로 자신도 섬기는 지도자로 부름 받았을 때 갈등이 있었다. 하지만 베드로에게는 예수님이 함께 사는 동안 사역하시며 본을 보이셨던, 긍휼한 종의 리더십을 지켜 보았던 이점이 있었다.

예수님이 부활하신 수년 후에, 베드로가 초대교회에서 가장 영향력 있는 사람들 중의 하나가 되었을때, 그는 다른 장로들에게 "함께 장로 된 자[들]"(벧전 5:1)이라고 호소했다. 그는 사도적 계급의 위치에서나 정치적 권력의 자리에서 편지를 쓴 적이 한 번도 없었다. 대신에 그는 겸손하고 사랑하는 예수그리스도의 종으로—긍휼의 지도자로—편지를 썼다.

목자로서 긍휼을 베푸는 지도자

기독교 지도자에게 베드로가 첫 번째로 권면하는 것은 그들에게 맡겨 주신 하나님의 양무리를 치라는 것이었다(벧전 5:2) "치다(Sheperd)"라는 용어는 "돌봄(Pastor)"이라는 용어와 유의어로 쓰였다. 그리고 분명히 사도의 편지를 처음 읽은 사람들은 그가 이 권면에서 쓰고 있는 심상(imagery)에 친숙했을 것이다.

21세기 초를 살아가는 우리는, 하나님의 백성들을 돌보기 원하는 긍휼한 종의 지도자를 반영하는 데 이 심상을 사용하려 한다. 하나님 나라에서 지도자로서 섬긴다는 전체적인 개념은, 일보다는 사람에게 관련되어 있다.

하나님께서 우리에게 맡겨 주신 사역이 무엇이든지, 우리는 주께서 부르사 우리에게 인도하라고 하신 사람들을 돌보도록 명령받은 것이다.

물론 교회에서 목사가 되는 것 외에 섬기는 자가 되는 다양한 방법이 있다. 언제든 혹은 어떻게든 기독교인들은 리더십의 역할 내에서 섬기는 것이며, 예수님같이 섬기는 지도자가 되는 것은 언제나 적합한 것이다 동시에, 이들은 하나님의 양무리이지 우리 소유가 아니라는 것을 기억해야 한다. 그들은 하나님의 사람들이요 그분의 초장에 있는 양들이다.

우리는 단지 부 목자들이며 혹은 "부 지도자"이다. 예수 그리스도가 목자장이시다. 부 목자로서 우리는 엄청난 책임이 있다. 우리가 어떻게 인도했으며 맡겨 주신 사람들을 어떻게 양육했는가에 대해 하나님 앞에서 책임을 지는 것이다.

이 놀라운 책임에 대해 사도 야고보가 편지를 쓸 때 우리에게 상기시켜 주고 있다. "내 형제들아 너희는 선생된 우리가 더 큰 심판받을 줄을 알고 많이 선생이 되지 말라"(약 3:1). 사실 기독 지도자들로서 우리는 하나님의 양무리인, 따르는 자들을 어떻게 인도하는가에 유의해야 한다. 우리가 그분의 뜻을 어떻게 시행했는가에 대해 목자장 앞에서 우리에게 책임이 있는 것이다.

순종하는 자로서의 긍휼을 베푸는 지도자

사도 베드로는 섬김을 추구하는 지도자인 우리에게 실질적인 유용한 본을 제공하고 있다. 그의 첫 번째 요점은 우리가 "부득이 함으로 하지 말고 오직 하나님의 뜻을 좇아 자원함으로 하라"(벧전 5:2).

하나님은 우리가 무엇을 하는가 보다는 왜 하는가에 관심이 더 많으시다. 물론 다른 사람을 섬기는 것과 인도하는 것을 포함하여 기독교인이 하는 모든 일에는 사랑이 그 근본 동기여야 한다. 동기가 핵심이다. 당신은 왜 섬기는가? 율법의 무거운 멍에 아래 있는 도덕주의자들은 의무감에서 섬기기는 하지만 거기는 기쁨이라고는 찾아 볼 수 없는 섬김이다.

우리는 의무감에서나 혹은 어쩔 수 없어서, 그 문제에 발언권이 없기 때문에 끌려 가서는 안 된다. 하나님은 우리를 사랑과 헌신으로 충만한, 기쁜 심령에서 기꺼이 섬기도록 초청하신다.

자원하여 순복하는 긍휼의 지도자

베드로의 두 번째 실질적 충고는 우리가 "자원하여 섬기"(벧전 5:2)라는 것이다. 자원하여 종이 되려는 사람은 많지 않지만, 그것이야말로 성경에서 우리에게 되라고 하시는 것이다.

사람들이 개인적인 유익 때문에 지도자가 되고자 자원하는 것은 당연한 일이나 전임사역자들인 우리는 돈을 벌기 위해서 이 일에 개입한 것이 아니다. 거의 모든 하나님의 종들은 다른 직업을 가지면 더 돈을 많이 벌 수 있다. 물론 사역자들 가운데 양심없는 전과자들과 재정부분에 정직하지 못한 사람들이 있긴 하지만 그들은 극히 소수에 불과하다.

진정한 긍휼의 지도자는 개인적 유익으로 끌고가는 모든 유혹을 피한다—그것이 돈이든, 권력이든 혹은 명성이든.

잠시 멈추고 자신에게 물어보라: "나는 개인적 유익을 위해 지도자 노릇을 하고 있는가? 아니면 선택의 여지가 없어서인가? 만약 어떤 부분이라도 그렇다면, 읽기를 멈추고 주님께 용서를 구하라. 회개하라, 그리고 자원하여 목자의 지팡이를 들고서 인정받는 것을 상관말고 하나님의 양떼를 섬기라.

로버트 그린리프(Robert K. Greenleaf)는 그의 저서, 〈섬기는 지도자 되기(On Becoming a Servant Leader)〉의 첫 장에서 바로 이 문제를 언급하고 있다.

> 섬기는 지도자는 섬김이 우선이다. 이는 누군가가 섬기기를 원하는, 먼저 섬기는, 자연발생적 감정으로부터 시작한다. 그리고 인도하고자 하는 열망을 조심스럽게 택하게 된다. 그 사람은 지도자 우선의 사람과는 현격히 다른데, 이는 비상한 권력에의 욕구를 잠재우거나 물욕을 채우고자 하는 필요 때문일 것이다. 그러한 것들은 섬김을 나중 선택으로 만든다—리더십을 먼저 세우고 난 후로. 지도자 우선과 섬김 우선은 양 극단이다. 이 둘 사이에 여러 혼합 양상이 있으며 이는 인간 본성의 무한한 다양성의 한 부분이다.
> 이 차이는 섬기는 자의 돌봄에서 나타나는데—첫째는 다른 사람들의 최우선 필요가 섬겨지고 있는지 확인하는 것이다. 가장 좋은 시험은, 그리고 가장 어려운 시험은 이것이다. 섬기는 자들이 인격적으로 성장하고 있는가? 그들은 섬기고 있는 동안 더 건강해지고, 현명해지고, 자유로워지고, 더 자발적이며, 더 자신들 스스로가 종이 되어가고 있는가? 하는 것이다.[1]

자신이 돌보고 있는 사람들의 유익을 추구하는 사역자는 그 사람들이 상호간에 사역할 수 있도록 도와주어야 한다고 클라이드 레이드(Clyde Reid)는 말한다.

지도자는 더 이상, 모든 교회활동의 중심에서 성도들보다 월등한 사람으로 비쳐서는 안 된다. 그 대신 모든 활동의 중심에 서서, 성도들보다 월등한 절대적 지도자로서 자기 생명을 버려야 한다—진정한 섬기는 자로, 그 백성의 사역의 해방자로서의 진정한 생명을 찾기 위해. 이것은 신나고도 힘든 사역의 개념이다.[2]

당신은 개인적 유익 때문에 리더십 역할을 하는가? 아니면 아무도 알아주지 않아도 자원해서 섬길 수 있는가? 만일 우리가 오직 주님만을 기쁘시게 해드리기 위해, 주님을 자원해서 섬기지 않는다면 회개하자. 지도자가 자원하면 무리들도 그 자원함을 본받는다. 일반적인 상황에서 성도들은 그 목자의 범위요 그림자이다. 성도들은 자신들의 목사의 태도와 섬김의 유형을 반영한다. 목사가 관대하고 진취적인 사고이면 그 성도들도 그렇다.

모범으로서의 긍휼의 지도자

베드로 전서 5장으로 돌아가서, 베드로는 우리에게 실질적인 충고를 한 가지 더 해준다. "[섬김을] 맡기운 자들에게 주장하는 자세로 하지 말고 오직 양 무리의 본이 되라"(3절). 대부분의 지도자들은 그들의 권위를 주장함으로써 인도하려는 경향이 있다. 예수님이 제자들에게 지적하신 사실이다. 주께서 말씀하시되, "이방인들은 임의로 주관하고, 권세를 부리는 줄을 알거니

---

1. Robert K. Greenleaf, 섬기는 지도자 되기(On Becoming a Servant Leader) (San Francisco: Jossey-Bass Publishers, 1996), p.1.
2. Clyde Reid, 목회심리학(Pastoral Psychology), 19권 183호(4, 1968), pp.13-1

와"(마 20:25) 우리가 어떻게 남을 "임의로 주관"할 수 있는가? 직권을 남용하며 거만하게 굴고, 명령을 내리게 되고 우리가 계획을 짜고는 모두가 따라 주기를 기대하는 것이다.

신실한 중국 기독여성인, 페이 루 리우는 얼마 전에 미국에 있는 친구에게 편지를 썼다. 여기에 생생한 묘사가 담겨 있다.

내가 종에 대해 생각할 때면, 나는 등불을 생각합니다. 고대 중국에서는 옥외에서는 초롱으로 불을 밝혔습니다. 손님이 밤에 방문할 때면, 항상 종이 그 초롱을 들고 나가 손님을 안내합니다. 그러면 그 손님은 길을 보고 따라 오는 겁니다.

그 가족을 위해 불을 밝히는 남편과 아버지는 행복한 자이다. 그는 어떤 계급을 가져서가 아니라 그의 진정을 다해 돌보기 때문에 권위가 세워지는 것이다. 한스 쿵(Hans Kung)이 한 번은 교회에 대해 묘사하면서 이렇게 말했다.

"성부와 성자와 성령께 온전히 복종하는 결과는 자발적이고 상호 순복하며 전체가 전체에게 자원하여 섬기게 되고 타인의 서로 다른 은사에 대한 순종이다."

양무리에게 본이 되기 위해서, 우리는 목자장을 우리 삶의 주님으로 반드시 따라야 한다. 우리 삶에 성령의 열매가 가득하여 우리에게 맡기신 성령의 은사가 풍성히 부어질 수 있도록, 성령님이 일하시도록 해야 한다.

우리는 주님과 그 양무리를 기꺼이 그리고 자원함으로써 섬겨야 하며 우리의 주이신 예수그리스도를 드러 낼 수 있도록 본이 되어야 한다.

식별력 있는 리더십의 11가지 원칙

우리가 주님이 인도하신 것처럼 인도하면서, 타인에게 예수그리스도를 드러내면 결과는 당연히 성공하게 된다. 좋은 리더십은 전쟁터와 회의실 양쪽에서의 성공을 보장한다. 미 해군에 따르면 식별력 있는 리더십에는, 상식이 포함된다. 다음은 책임감 있는 리더십의 11가지 원칙으로 미 해군에서 고안하고 지난 200년간 검증했던 것이다.

1. 당신과 부하의 행동에 책임감을 가져라.
2. 자신을 알고 자기개선을 추구하라.
3. 주변 사람들에게 본을 보여라.
4. 당신의 부하들을 개발시켜라.
5. 임무가 무엇인지 잘 확인하고, 감독하여 완수시켜라.
6. 당신이 데리고 있는 사람들을 잘 알고 그들의 복지에 신경써라.
7. 모든 사람들에게 정보전달이 되도록 하라.
8. 이룰 수 있는 목표를 세우라.
9. 건전하고 시의적절한 결정을 내리라.
10. 임무를 알아라.
11. 당신 부하들 간의 협동심을 개발하라.

3장
긍휼의 리더십의 위험성
THE PERILS OF COMPASSIONATE LEADERSHIP

긍휼의 리더십의 위험성

"교만한 모습"

긍휼의 지도자들도 다른 사람들처럼 육신적 유혹에 영향받는다. 그리고 우는 사자와 같이 두루 다니며 삼킬 자를 찾는 우리의 원수 마귀는 속임수와 그릇된 길로 인도하는 기회를 결코 놓치지 않는다.(벧전 5:8) 비록 육신의 영역에 유혹이 존재하나 사단은 영적인 연약함을 악용하기에 실패하는 법이 없다.

교만이 성공적인 섬김의 지도자의 마음을 사로잡고 있을 때, 하나님께 그것이 문제가 되겠는가? 죄로 말미암아 당신 자신이 보좌에 앉아 하나님을 중요하지 않게 여길 때 하나님이 상관하시는가? 잠언 16장 5절에는 분명히 나와 있다. "마음이 교만한 자를 여호와께서 미워하시나니." 교만이란, 기름

부음 받은 천사를 타락한 지옥의 마귀로 만들어 버리는 죄이다.

교만은 여러 은근한 방법으로 공격해 오지만 영적교만이 가장 끔찍한 것이다. 어떤 영적은사에 대해 교만해지는 것은 "이 모든 물건이 다 주의 손에서 왔사오니 다 주의 것이니이다" 라고 일깨워 주고 있는 역대상 29장 16절을 잊어 버리는 것이다. 영적은사로 교만해진다는 것은, 하나님 없이는 우리는 아무것도 아니며 죄로 물든 삶을 살 수밖에 없다는 것을 잊어 버리는 것이다.

잠언 6장에서는 하나님께서 싫어하시는 7가지에 대해 "교만한 눈과 거짓된 혀"라고 명백히 말씀하신다. 불행히도 교만의 희생자는 자신의 죄에 대해 거의 알지 못하고 있는 자이다. 당신은 교만이 삶의 수면 위로 떠올랐을 때 어떻게 분별하는지 알고 싶은가? 다음의 시험들을 적용해 보고 교만으로 어려움을 겪는지 아닌지 알아 보라.

- **겸손의 시험**: 당신이 충분히 자격이 있는 자리인데 다른 사람이 선출될 때 어떤 기분을 느끼는가? 어떤 사람이 승진하면? 혹은 다른 사람의 은사가 당신이 가진 은사보다 뛰어나게 보이고 인정받는다면?
- **동기의 시험**: 자기반성을 할 때, 문제점과 약점이 드러날 때, 솔직히 어떻게 느끼는가? 당신의 부적합성을 솔직히 그리고 객관적으로 직면하는가?
- **비판의 시험**: 다른 사람이 비판할 때 감당할 수 있는가? 아니면 원망이 가득 차서 당신을 비판한 그 사람을 도로 비판하기 급급한가?

우리 자신을 십자가에서 겸손해지신 예수님의 삶 앞에 내어놓고 평가할 때 모든 교만은 끝이 나야 한다. 우리 자신의 누추함, 악한 기질과 교만한 모습에 대한 정직한 평가는 제임스 그레이(James M. Gray)의 시에 공감하게 만든다.

거만을 제하고, 교만을 떨쳐버리네;
나는 오직 은혜로 구원받은 죄인일 뿐.[1]

오만함

교만의 가장 불쾌한 모습은 자기 생각과 주장만 하고 자기성취만을 과장하며 하나님과 하나님의 백성들보다는 모든 것을 자신에게 연관시키는 경향인 이기주의이다. 오랫동안 많은 추종자들에 의해 칭송받아 온 지도자는 바른 관점을 잃어버리고 오만함의 죄에 물들 위험이 있다.

오래 전, 로버트 루이스 스티븐슨(Robert Louise Stevenson)이 사모아에 있는 선지자의 이야기를 해준 적이 있다. 그 선지자는 가리개를 쓰고 다녔는데 그의 말로는 자신의 얼굴의 광채가 다른 사람들이 쳐다보기에는 너무 빛이 나서 그런다고 했다. 결국에 그 선지자의 가리개가 낡아서 떨어져 버렸다. 그때 사람들이 발견한 것은, 자신의 추함을 가리려 했던 노쇠한 한 노인이었다.

---

1. 제임스 M. 그레이, "Only a Sinner", http://www.cyberhymnal.org/htm/o/n/onlyasnr.htm(2006년 2월에 검토).

하지만 지도자들이 고집스럽게도 자신의 성품상의 결함을 가리려 하다가 결국에는 가면이 떨어져 나가고 진면목이 드러나게 되는 것이다.

사람들이 당신 안에서 이기적인 추함을 발견하겠는가 아니면 주 그리스도의 변화된 영광을 발견하겠는가?

다른 사람의 칭찬을 어떻게 받아들이는가? 당신이 다른 지도자의 칭찬을 들으면서 그를 과소평가하거나 자신의 일을 칭송하고자 하는 마음이 들지 않고도 그 칭찬을 들을 수 있을 때까지는, 아직도 주님께 항복하고 은혜 아래로 가져오지 못한 이기주의라는 거대한 산이 남아 있는 것이다.

질투심

의심, 시기, 교만 그리고 쓴뿌리들은 다 질투라는 죄의 가까운 친척이다. 질투는 새로운 것이 아니다. 여호수아―모세의 충성된 동료―가 진영에서 엘닷과 메닷이 예언하는 것을 듣고서 분노하면서 요청하기를 "내 주 모세여 금하소서!"(민11:28) 라고 할 때 모세는 이 유혹에 직면했다.

하지만 이 경험 많은 노 족장은 그가 선출한 부관들 사이의 상황을 바르게 파악했다. "네가 나를 위해 시기하느냐?" 모세는 여호수아에게 묻고는 계속해서 말한다. "주의 백성이 다 선지자 되기를 바라노라"(민 11:29) 모세의 마음에서는 시기와 질투가 자랄 수 없었다. 그는 자기를 따르는 사람들에게 이렇게 말했다. "다른 사람들 속에서 일어나는 하나님의 역사로 격려를 받아라 그것을 소멸하지 말아라."

전 월드비전 총재 스탠 무니햄(Stan Mooneyham) 박사가 늘 말하곤 했다.

"아무리 조심해도 안전하지 않다."

명성을 감당하기

모든 지도자들(목사들을 포함하여)은 타인의 사랑을 받는 것을 즐긴다. 물론 사람들이 싫어하면 좋을 것이 없지만 유명해지는 것은 그 대가를 톡톡히 치르는 것이다. 예수님은 이것을 아시고 경계하셨다. "모든 사람이 너희를 칭찬하면 화가 있도다"(눅 6:26).

어떤 위대한 영적 지도자들은 그들의 특별한 은사, 덕목 혹은 용모에 집중하여 개인숭배를 하게 만든다. 알랑대는 압도당한 추종자들과 경의를 표하는 관중들은 그 영웅적 지도자의 품질보증이 된다. 더 안 좋은 것은 그 지도자가 실제로 그 지위를 받아들이고, 자신이 영웅적이라고 진짜 믿어 버리는 것이다.

사도 바울이 고린도에 있을 때 이 문제가 대두되었다. 신자들은 두 진영으로 나뉘어 각기 자신들이 선호하는 사람을 지지하고 있었다. 어떤 이는 아볼로, 다른 이는 바울을 선호했다. "그만!" 하고 바울은 명령했다. "나는 심었고, 아볼로는 물을 주었으나 오직 하나님은 자라나게 하셨나니"(고전 3:6). 더 나아가 고린도인들이 그들의 영적 지도자들에게 갖고 있는 헌신이나 충성심은 방향이 잘못되었다고 설명한다—그런 헌신과 충성은 오직 주 예수 그리스도께만 드려야 한다. 사도 바울은 영적 지도자들이 하는 일 때문에, "사랑 안에서 가장 귀하게 여겨"질 수 있으나, 그것이 아첨으로 퇴색되면 안 된다는 것을 알았다.(살전 5:13) 격려를 받아들이는 것은 죄가 아니나 지도자는 자신들이 섬기는 사람들이 우상화하려는 것을 거부해야 한다.

신학생들에게 하는 강의에서, 스테판 닐(Stephen Neill)은 경고하기를 "인기는 상상할 수 있는 가장 위험한 영적 상태인데, 사람을 지옥에 빠트리는 영적교만으로 쉽게 인도하기 때문이다. 이는 종종 세상과 타협하는 엄청난 대가를 지불하고 사는 것이기에 노심초사 주의해야 할 증상이다."[2]

스퍼전(Spurgeon)은 인기의 위험성이 자기 마음을 조여오는 것을 느꼈다.

> 성공은 우리를 사람의 압력에 노출시켜서, 육신적 수단으로 자기가 획득한 것을 붙잡고자 하며, 끝없이 확장시키고자 하는 전횡적 요구에 스스로 지배당하도록 할 것이다. 이 일을 이루신 분이 하나님이시며, 우리 도움 없이도 혼자 계속해 나가시고 언제든 나의 실상을 평가하실 때, 나 아닌 다른 수단으로도 이루어 가실 수 있다는 것을 내가 기억하지 않는다면 성공은 내 머릿속에 자리 잡게 될 것이다.[3]

조지 휫필드(George Whitefield)는 미 개척시대 당시 목사로서 어마어마하게 유명했으나, 그의 경력이 더해 갈수록 사람들의 시중이 피곤해져 갔다. "난 이제 인기에 신물이 났다!" 라고 그는 외쳤다.

---

2. 스티븐 닐, The Record 에서 발췌(3월28일, 1947), p.161
3. 찰스 스퍼전, 헬무트 틸리케의 Encounter with Spurgone에서 발췌(Philadelphia, P.A: Fortress Press, 1963), n.p.

인간 무오설의 신화

성령충만한 사람이 세속적인 상대보다는 판단에 있어서 실수가 적을 수 있지만, 아무도 완벽한 사람은 없다. 심지어는 사도들도, 거룩한 바로잡음이 필요한 실수를 했다.

비록 영적 지도자들이 기도에 전념하고 개혁과 부흥을 놓고 씨름하지만 많은 사람들이 실수나 판단착오의 가능성을 시인하기가 쉽지 않다는 것을 발견한다. 실수를 기꺼이 시인하는 것과 동료들에게 순복하는 것은 그 사람의 영향력을 감소시키는 것이 아니라 증대시키는 것이다. 지도자 스스로 오류가 없다고 믿는 자를 따르는 자는 지도자에 대한 확신을 잃게 될 것이다.

필요 불가결성

심지어 영향력 있는 기독사역자들도 그들 스스로 없어서는 안 될 사람이라 생각하는 유혹 앞에 무너진다. 나이들고 경험 많은 신자들은 젊은 사람에게 넘겨주어야 하는 권위를 오래 붙들고 있다.

미국 동부의 한 교회에서는, 젊은 사람들이 그 일을 떠맡을 수 있고 맡기를 원하는—자원하는—데도, 90대의 한 교인이 주일학교 교장 자리를 꽉 쥐고 있었다. 가끔씩 동료들이 호의로 그 사람의 중요성에 대해 격려를 하면, 그것이 지도자의 자아를 한껏 부풀려 자기가 하는 일에 대해 객관성이 없어지게 만든다. 선교사들은 가급적이면 빨리 리더십을 넘겨 주도록 가르쳐야 한다.

감정변화의 기복

그리스도의 삶 속에는 좌절과 기쁨이 다 포함되어 있었다. 많은 지도자들이 우울함과 기쁨 사이에서 위험한 그네타기를 하고 있다. 균형을 잡는 것은 쉽지 않다. 한 번은 70인 제자들이 큰 기쁨으로 전도에서 돌아왔다. 예수님은 귀신들이 항복하는 것으로 기뻐하지 말고 대신 "너희 이름이 하늘에 기록된 것으로 기뻐하라"(눅 10:20)고 말씀하셨다.

엘리야가 갈멜산에서 놀라운 승리를 거두고 난 후 너무 낙심되어 죽고 싶어 했다(왕상 19장). 은혜로우신 주님께서는 친히 개입하셔서, 두 번의 긴 잠과 두 번의 식사를 처방하셨다. 그 후에 일생을 바꾸어 놓는 영적인 수업이 주어졌다. 더 이상 낙심은 찾아볼 수 없었다. 엘리야는 멈추어 생각하는 것이 필요했다. 즉 칠천의 신실한 이스라엘 사람들은 바알에게 무릎꿇지 않았다는 것을. 도망치는 것으로 인해, 엘리야는 남은 자들이 절실히 필요로 했던 리더십을 박탈하고자 했던 것이다.

아무도 하나님을 위한 자신들의 이상과 목표가 그때 당시에 완전히 달성되는 것을 보는 사람은 없다. 가장 믿었던 친구들도 우리를 실망시킨다. 탐욕을 부린 목표는 달성되지 않을 것이다. 질병, 부족함, 이기주의 혹은 우울증이 개입되고 반드시 다루어져야 한다.

열렬한 설교가 메이어(F.B. Meyer)는 낙관주의자였지만 때때로 찾아오는 낙심과의 싸움에서는 도리가 없었다. 그는 삶의 이면을 분명히 보았기 때문에 낙심과 낙망으로부터 자유롭지 못했다.

저명한 영국의 설교가, 찰스 스퍼전(Charles Spurgeon)은 "사역자의 실신

(The Minister's Fainting Fits)"이라는 강의에서 그 자신의 낙심과의 갈등을 묘사하고 있다.

> 위대한 성과를 이루기 전, 어느 정도의 낙심은 매우 흔하다. …나는 런던에서 처음 목사가 되었을 때 그것을 경험하였다. 나는 성공에 소름이 끼쳤고 내 기운을 북돋워 주는 것과는 너무나 거리가 먼, 그 경력에 대한 생각은 나를 심연에 던져 넣었고 내가 탄원해 보았으나 지극히 높은 곳의 영광은 없었다. 이 엄청난 군중을 내가 누구관대 이끈다는 것인가? 시골의 이름 모를 곳으로 가거나 미국으로 이민 가서 나 하나 살아가기에 넉넉한 오지의 외로운 둥지를 찾아 보리라. 그것은 마치 내 평생의 일에 휘장이 열리는 것 같았으며 어떤 것이 드러날지 나는 두려웠다. 나는 믿음 없는 자가 되지 않기를 바랐으나 나는 두려웠고, 내가 어울리지 않는다는 느낌으로 가득해 있었다. …. 주님이 내 사역에 큰 복을 준비해 주실 때 마다 언제나 이 낙심이 나를 눌렀다.[4]

우리에게 모든 것이 잘 되어 가는 때가 있다. 계획은 성공적이고, 목표는 도달되었으며, 성령께서 역사하시고, 영혼들이 구원받고 성도들이 복을 받는다. 로버트 뮤레이 맥체인(Robert Murray McCheyne)에게 이런 때가 왔을때, 그는 무릎을 꿇고 그것을 받으시기 합당한 주님의 이마에 왕관을 상징적으로 씌워 드렸다.[5] 설교가 새뮤얼 채드윅(Samuel Chadwick)은 말했다.

"성공했다면 자랑하지 말고, 실패했다면 비관하지 말라."[6]

실격당한 느낌

그 사람이 얼마나 성공했든지 간에, 항상 버림받을 가능성은 있다. 사도 바울은 이것을 두려워했다. 그 앞에는 실격 당할 가능성이 드리워져 있었다. 고전 9장 27절에서 그는 어떻게 자기 자신을 "쳐서 복종케"하여 남에게 전파한 후에 자기가 도리어 버림을 당하지 않게 하였는지를 묘사하고 있다.

우리가 "버림"이라고 번역하는, 사도 바울이 쓴 헬라어는 주조에 합당치 않은 쇠붙이를 가리키는 말이다. 제련 과정에서 이 기준 미달의 쇠붙이는 제거되는 것이다. 이런 것은 시험을 통과하지 못한다. 마찬가지로 기독교인들도 이 경주의 규칙을 준수하다가 실격으로 갈망하던 상급을 잃게 될 수 있다.

사도 바울은 육신의 정욕은 섬김의 지도자라도 실격시킬 수 있다고 믿었다(고전 6:12-20). 그는 육신의 소욕을 연단받은 절제—고행(기본 욕구를 부인하며 자신을 해치는 것 등)을 통해서도 아니고 자기 방종(예를 들면 부주의한 식사로 쇠약해지는 것)을 통해서도 아닌—를 통해 다스리고자 했다.

섬기는 지도자는 더 행복하다

유명한 메닝거 정신건강 센터(Menninger Mental Health Institute)의 창시자 칼 메닝거(Karl Menninger) 박사는 다른 사람을 섬기는 데 자신을 드린 사람들이 더 행복하고 건강하다는 것을 알았다. "돈을 기부하는 것은 한 사람의 정신

---

4. 찰스 스퍼전, "사역자들의 실신" 틸리케에서 인용, Encounter with Spurgeon, n.p.
5. 오스왈드 샌더스, Spiritual Leadership(Moody Press), pp.157~158.
6. Ibid.

건강을 재는 매우 훌륭한 척도다"라고 그는 말했다. "관대한 사람들은 거의 정신적으로 병들지 않는다…. 인색함은 질병이다."

록펠러 1세(John D. Rockefeller, Sr.)의 이야기는 좋은 일화가 된다. 젊었을 때 그는 건강하고 강인했다. 33세에 그는 처음 100만 달러를 벌었고 43세에 세계에서 가장 큰 사업체를 갖게 되었다. 나이 53세에 그는 지구상에서 가장 큰 부자가 되었으며 세계 유일의 억만장자였다.

이 목표를 달성하기 위해 그는 자신의 행복과 건강을 팔아넘겼다. 그의 매주 소득은 100만 달러가 되었지만, 소화기능이 너무 나빠 그는 크래커와 우유만을 마실 수 있었다.

그의 전기작가 중 한 사람은 그를 "미라"로 묘사했다.

록펠러 1세가 한 번은 "사랑받고 싶다"고 고백한 적이 있었다. 다른 사람을 배려하지 않고, 자신의 더 큰 유익을 위해 무력한 사람들을 욕망의 진창에 밀어 넣었다. 어느 날 밤 의사가 그에게 1년을 넘기지 못한다고 말했을 때, 록펠러는 깜짝 놀랄 발견을 하였다. 그것은 자기가 다음 세계로 동전 한 닢 조차 가져갈 수 없다는 것이었다. 자신은 지금껏 자기가 쌓아 올린 모든 모래성이 파도에 휩쓸려 영원히 사라지는 것을 바라보고 있는 절망적인 어린 소년이었다는 것을 발견한 것이다.

록펠러는 생애 처음으로 돈은 쌓아 놓기 위한 것이 아니라 나누기 위한 것이라는 깨달았다. 그는 록펠러 재단을 세워서 자기의 돈이 다른 사람을 축복하는 도구로 변화되는 데, 스쿠루지처럼 시간을 허비하지 않았다. 그가 대학들에, 병원에, 교회와 수백만의 불우이웃을 위해 희사한 수백만 달러의 기금으로 인한 유익들을 다 설명하자면 책을 한 권 써도 모자란다.

부자가 다른 사람을 생각하기 시작했을 때, 정말 놀라운 일이 일어났다. 그가 잠을 자고, 식사를 정상적으로 하며, 삶을 즐기기 시작했다. 록 펠러는 53세에 하나님의 영원한 법칙을 행하기 시작했다. "주라 그리하면 너희에게 도로 주리니." 록펠러는 이 약속의 가치를 입증하고 98세가 될 때까지 장수했다.

한 강의에서 그는 말하기를, "이렇게 질문해 보자: 내 경력의 열매는 무엇이 될 것인가? 병원들과 교회들과 학교들…의 기증이 될 것인가? 당신의 동료를 위해 할 수 있는 모든 일을 다 하라. 그리고 이렇게 할 때 당신은 더 나은 삶을 살 것이다."

이 이야기는 긍휼을 베풀고 섬기는 정신을 가진 리더십이 우리의 정신적·육체적 건강을 위해 무엇을 하는지를 말해 준다. 하지만 오직 그리스도께서만이 올바른 종류의 주는 것에 대한 충분한 동기를 제공하실 수 있다. 왜냐하면 우리는 불완전하고 우리의 동기는 결코 온전히 순수할 수 없기 때문이다.

우리가 이것에 가장 가까이 갈 수 있는 것은 주님이 부여하신 동기를 가지고 주는 것이다. 우리가 줄 때, 항상 우리에게 돌아오는 것이 있다.

록펠러 1세는 부유한 가운데 주었지만 당신은 극한 가난 가운데 주라는 부르심을 입었을지 모른다. 우리 하나님 아버지가 주시는 상급이 더 갈망할 만한 것이 아닌가?

4장
당신의 리더십 재능 발견하기
DISCOVERING YOUR LEADERSHIP SKILLS

•당신의 리더십 재능 발견하기

다양한 은사

모든 신자는 한 가지씩의 은사가 있고 어떤 사람은 각양 은사가 있다. 당신의 은사는 하나님의 영광을 위해 사용하라고 수여한 것이다. 성령의 다양한 은사는 로마서 12장, 고린도 전서 12장과 에베소서 4장에서 나타나 있다. 사도 바울이 로마서 12장 4절에서 우리는 모두 그리스도의 지체라고 쓰고 있으며, 6절에서 덧붙이기를 "우리에게 주신 은혜대로 받은 은사가 각각 다르니, 우리 각자가 그에 따라 행할 것이니라"(NASB역)고 했다.

현존하는 모든 조직은 개인(남자 또는 여자)으로 시작되었다. 어떤 것은 나중에 위대한 일을 성취하는 운동이 되고, 어떤 것은 진부하게 퇴보하여 기념비로 끝난다. 하지만 은사(Charismata)—하나님이 택하신 자에게 주시는 좋은 개인적 선물―에 중점을 두자. 하나님은 예언의 은사, 섬기는 은사, 가르치는 은사, 권면하는 은사, 다스리는 은사와 자비의 은사를, 그의 뜻을 따라 나누어 주신다.

어떤 이는 끝없는 책임에서 벗어나서 조용히 지내고 싶어 무엇이든 다 하려고 한다. 다른이들은 자기들이 있어야 하는 바로 그 자리에 있어서 지시하고 프로그램을 제작하지 않으면 괴로워하고 만족하지 못한다. 이들이 지도자로 섬기는 남녀들이다.

이런 지도자의 유형은 무엇인가? 거기에 권력놀이가 있는가? 다른 사람을 다스리고 싶어하는가? 제멋대로 하는 행동인가? 성령에 의해 동기화되고 강건해진 것이라면 그렇지 않을 것이다. 화가가 그림을 그리고, 음악가가 연주를 하고 전도자가 설교를 하듯, 경영의 은사를 가진 사람은 그가 믿는 바를 진행시키는 적극적인 리더십을 발휘할 것이다.

나는 하나님께서 그 종에게 한 가지씩의 중요한 은사를 주시지만, 종종 다양한 은사를 주신다는 것을 알았다. 또 영적 은사는 전자 파장보다 더 역동적이라는 것을 믿게 되었다. 예를 들면 나는 목사로서, 하나님께서 그리스도의 몸에 특정한 시간, 특정한 필요에 따라 한 성도에게 엄청나게 많은 은사를 부어 주신다는 것을 계속하여 목격하고 있다.

그러므로 나는 "내 영적 은사가 무엇인가?" 라고 질문할 뿐만 아니라 "하나님 저에게 무엇을 하라고 부르셨습니까?"라고 묻는 것이 현명하다고 믿는다. 주께서 부르신 자라면 주님이 은사도 함께 주실 것이라 믿는다. 그리고 주님이 은사를 주신 사람이라면 그것을 사용하라고 부르신 것이다.

은사를 어떻게 확정할 수 있는가

당신의 은사를 어떻게 확정할 수 있는가? 첫째, 성령의 인도하심을 구하라. 그분은 하나님의 백성에게 말씀하신다. 둘째, 만약 당신이 다스림의 은사나 혹은 다른 리더십의 은사가 있고 부르심이 있다면 당신의 동료들이 알아보고 권위자의 위치로 임명할 것이다. 셋째, 성경은 우리에게 모세, 바울, 베드로 그리고 당연히 우리 주님 안에서 다스리는 리더십의 모델을 제공하고 있다. 당신의 강점과 약점을 그들 앞에서 비추어 보라. 그리하면 당신이 어디서 탁월하며 어디서 연약한지를 알게 될 것이다.

마지막으로, 하나님께서 당신에게 리더십의 은사를 주신 마음의 확신이 있을 것이다. "있을 것이다" 라는 말에 주목하라. 때론, 부르심이 없다고 믿는 사람들이 선출될 것이다. 모세가 바로 그런 인물이다. 그는 자신이 그 일을 할 수 있다는 확신이 없었다. 사도 바울도 임무에 위압감을 느꼈으나, 바나바와 함께 일하는 것과 성령의 인도하심과 강건케 하심으로 그 일생이 다하도록 복음전도자로서의 신실한 삶을 살았다.

하지만 처음에는 어떤 일을 겪어야 했는가? 바울은 우리 주님으로부터 시작하여 다른 사람을 섬기는 것을 배워야 했다. 사실, 사도들은 먼저 자신들이 섬길 때 긍휼을 베푸는 "종"이 되어야 했다.

리더십과 다스림 안에서 우리는 종이 되라고 부르심을 입은 것이다. 가장 위대하신 우리 주님은 리더십에서 가장 중요한 것은 섬김이라고 가르치셨다. 그러나 항상 "하나님 자리"가 있어야 한다는 것을 기억해야 한다. 이 말은 월드비전의 창설자 밥 피어스(Bob Pierce)가 한 말이다. 그는 **지도자가 너무**

잘한 나머지 하나님이 인도하실 자리가 없어 축복이 사라진다고 경고했다.

단호한 지도자

모든 성공적인 지도자는 빠르고 정확하고 자비롭게 결정을 내릴 능력을 가지고 있다. 우유부단함이 더 편할 수는 있어도 습관적으로 지연되면 잠재성을 인식하고 목표를 달성하는 데 방해를 받는다.

심리학자들은 모든 사람들이 자신의 우유부단함을 가리기 위한 모든 종류의 무의식적 기제에 빠진다고 한다. 꾸물거림이 그 하나이다—그냥 하지 않는 것. 다른 것은 사람들의 말을 듣고 최종 결정이 동요되는 것을 포함하여 결정을 다른 사람이 하도록 하는 것이다.

의사결정이 왜 그토록 힘든가? 그 이유 중의 하나는 크건 작건 어떤 결정 안에는 잘못될 수 있는 위험이 있고 위험한 일이기 때문이다. 그것 때문에 직장을 잃거나 혹은 장차 조직에 손상이 올 수도 있다. 지도자가 내리는 결정에는 목표와 가치 만큼이나 위험성도 포함되어 있다. 지도자가 그 위험을 감수할 용기가 없다면, 기대치가 높을지라도 그 사람은 다스릴 책임을 맡을 적격자가 아니다.

어려운 결정을 하는 것은 힘든 일이지만 강한 지도자들은 해야만 한다. 지도자가 결정을 요하는 문제에 직면했을 때 주저한다면 그 결과는 보통 재난으로 이어진다. 사업 연보의 유명한 마지막 말들은 "그는 결정할 수 없었다" 이다.

리더십의 인격에서 현저한 특성은 긴박함에 대한 감각이다. 인랜드 스틸(Inland Steel) 회사의 사장, 클레런스 랜달은 이렇게 말한다.

어떤 유능하고 세심한 사람들은, 어려운 문제에 접근하는 자신들의 접근이 역동적이라기보다는 그 속성상 비판적이기 때문에, 결코 효과적으로 다스리는 자가 되지 못한다. 그 사람들은 최고로 해야 한다는 필요성에만 오로지 집중하므로 결국은 아무 것도 하지 않는 것으로 끝난다. 그들은 급변하고 있는 현대적 행정에서 요청되는 긴박성을 모른다. 그들은 현명한 상담자처럼 자신들의 성급한 동료들이 간과했었을 수도 있는 함정에 대해 경고는 잘 하지만, 정작 자신들이 그런 상황이 되면 결코 긍정적인 행동이 나오지 않는다. 여러 가지 계획들이 제출되고 일을 시작했어도 어떤 프로그램이 최고인가에 대한 마지막 의심이 사라질 때까지 토론을 연장하는 것보다는 한 가지의 가능한 계획을 선택하는 것이 훨씬 더 중요하다.

실수했다고 해서 결코 주눅들지 말라. 우리 모두는 실수한다. 그리고 하나님은 용서의 하나님이시다. 리더십이라는 총체적인 문제에 있어 의사결정은 중요한 역할이다.

리더십의 기본 규칙

리더십의 은사가 있는 많은 사람들이 위임의 기술에서 실패한다. 경영의 기본원칙은 다른 사람들이 할 수 있거나 우리보다 더 잘할 수 있는 일을 지도자인 우리가 하면 안 된다는 것이다. 지도자가 자신의 역할을 성공적으로 완수하려면 위임의 기술은 필수적이다. 앤드루 카네기(Andrew Carnegie)는 이 것을 알고 있었다. 그는 "위대한 경영자란, 어떻게 하면 자신보다 더 유능한 사람을 자기 주변에 둘 수 있는지 아는 사람이다"[1] 라고 말했다. 이것은 힘들고 참으로 낮아지는 것이지만 정말 필요한 것이다.

당신이 위임을 준비할 때, 이 다섯 가지 질문을 명심하라.

1. 누군가가 나보다 더 잘할 수 있는 일이 있는가? 그 일의 특정한 부분에서 더 많은 지식, 배경 그리고 경험을 가진 직원이나 다른 동료들을 충분히 활용하고 있는가?
2. 그다지 썩 잘하지 않더라도, 나대신 이 일을 할 누군가가 있는가? (한 지혜로운 지도자는 자신이 "당신 대신"의 원칙을 무시했기 때문에 "자신을 소모"하고 있다는 것을 깨달은 적이 있다. 이제 그는 말한다. "나는 그일을 직접 하기보다 일에 대해 이야기만 하는 것으로 그친다.")
3. 누군가가 나보다 적은 비용으로 그 일을 할 수 있는가? 어떤 일은 당신이 거기에 가는 대신 그 자리에 있는 사람이 처리하거나 혹은 일 처리하는 기간이 당신의 두 배가 걸린다고 해도 당신보다 총 급료가 적은 사람이 처리해야 하지 않을까?
4. 누군가가 내가 하는 것보다 더 나은 때에 할 수 있는가? 필요한 때에 취해진 차선의 행동은 늦어지는 것보다 가치가 있는 것이며 그 상황을 다루는 데

---

1. Andrew Carnegie, "Scots and Scots Descendants in America; Part V-Biographies, "Electric Scottland. http://www.electricscotland.com/contact.htm(accessed December 5, 2005).

있어서는 온전한 것이다.

5. 누군가를 훈련하고 갖추어지게 하는 데 내가 공헌할 수 있는 일이 있는가? 이는 매우 중요한 질문으로 그 목적만을 위해 특별 프로그램을 세우고 어떻게 핵심인사들이 더 온전히 참가할 수 있을 것인지를 알기 위해 미리 계획을 세우고, 심지어는 그들을 다른 과업들을 해 보도록 하여 더욱 다재다능하게 만들도록 할 가치가 있다는 것을 발견할 것이다. 가능하다면, 다른 사람들이 결국에는 어떤 책임을 완전히 떠 맡을 수 있도록 계획을 미리 세우라. 당신은 항상 누군가를 훈련시키고 있어야 한다.

이 모든 것의 핵심어는 "위임하다"이다. 당신이 위임할 때는 그 사람이 필요한 결정을 할 수 있도록 충분한 권위와 함께 전부를 다 위임하라.

관건이 되는 동기

일이 제때에 바로 되는 것을 보기 위해 성공적인 지도자는 자신의 사람들을 동기유발시킨다. 페니(J. C. Penny)는 이것을 "다른 사람을 통해 일을 마치는 것"이라고 불렀다.[2]

여기에 다른 사람을 통해 목표에 도달하고자 하는, 섬기는 지도자인 당신을 돕기 위한 다섯 가지 수단이 있다.

1. 격려(Encouragement). 지도자는 가장 빈번하게 격려나 감동을 통해 동기유발을 한다.

2. 참여(Participation). 그 과업에 다른 사람들이 참여할 수 있게 허락하라.

3. 인정(Recognition). 이 중요한 충고에는 다른 사람들이 당신을 대신하여 업무수행을 탁월하게 하였을 때, 진실하고 정직한 칭찬이 요구된다.

4. 칭찬(Praise). 적절한 칭찬은 사람의 영에 햇살과 같은 것이다. 이것 없이는 사람들은 자라거나 꽃피우지 못한다.

5. 마음의 염려(corrosion). 어떤 경우는 좀더 강력한 동기유발의 행동이 요구된다—철이 철을 날카롭게 하는 것처럼 자신에게 도전이 되는 경쟁상대가 필요하다. 이 단계는 다른 네 가지가 지적하는 것보다는 흔하지 않으나, 이것도 여전히 과정의 일부이다.

당신이 (1)매일 아침, 제시간에 혹은 일찍 오는 것; (2)당신의 행동에 따라 하나님 앞에서의 책임을 기억하는 것; (3)목표를 세우고 당신 스스로가 그것에 의해 동기유발되는 것; 그리고 (4)계속해서 더 높은 목표를 세우고 도달하려고 하는 것에 의해 당신의 직원이나 동료들에게 동기유발을 제공해야 한다.

이 마지막 요점이 아주 중요하니 잊지 말라! 능력 있는 지도자들은 합당하고 가늠할 수 있는 목표를 세운다.

능력 있는 지도자들은 또한 목표의 우선순위를 세운다. 그리고 마지막으로 그 목표들을 성취할 수 있는 계획을 갖고 있다. 즉, 하나님께서는 이

---

2. J.C.Penny, "On Leadership," JCPenny.net.http://www.jcpenny.net/compeny/history/history/archive18.htm (accessed December 5,2005).

땅이 만들어지기 전에 인간을 위해 가야 할 길을 놓으신 위대한 계획자이시 란 것이다. 성경을 통해서, 하나님은 그의 계획들—그분과 우리를 위한— 속에 있는 그분의 관심을 드러내셨다. 잠언 16장 3절은 "너의 행사를 여호 와께 맡기라"고 말씀하신다. "주께 온전히 믿고 맡기라, 그리하면 너의 생 각이 하나님의 뜻에 합치하여, 너의 경영하는 것이 이루리라(역자 번역)." 잠 언 16장 9절에서 다시 한번 성경은 "사람이 마음으로 그 길을 계획할지라 도, 그 걸음을 인도하시는 자는 여호와시니라."라고 선언하고 계신다.

계획은 지속적 과정이다. 행동이 있기 전에 계획이 시작되어 그일이 진 행되는 동안 지속되는 것이다. 계획을 행동, 평가 그리고 재계획으로 생각하 라. 많은 조직들이, 계획을 세우는 것이 많은 사람들이 그 과정 중에 어떤 때 라도 참여하는 데 도움이 된다는 것을 깨닫지 못하고 있다. 그 결과, 잘 이루 어진 계획과정은 조직에 속한 사람들을 그 조직에서 적극적이고 중요한 역 할을 하는 사람으로 느끼게 만들어 동기유발을 시킬 것이다. 더 나아가 이 참여증대는 새로운 사상의 주인공들을 낳을 것이다.

잘 계획하고, 잘 마치라

성공적인 지도자는 책임감 있는 계획의 흥미로운 부가 이익을 발견해 왔다. **계획을 세우면 변화에 능통하게 된다.** 계획을 세움으로써 기대치들을 정리 하고 계획을 실현할 수 있는 프로그램을 개발하게 된다. 계획을 세우는 것은 최선의 사고와 최고의 관심과 최대의 성장을 이룰 수 있는 가장 효과적인 방 법을 끌어내는 가장 좋은 방법이다. 그리고 마지막으로 계획을 세우는 것은 조직적 성장의 지적 도구이다. 이상하게 들리는가? 이렇게 생각해 보라. 계획을 세우는 것은 실행으로 옮기는 모든 것에 대한 서막이다. 이는 일부 사람들만의 활동이 되어서는 안 되고 그 집단의 모든 사람들의 것이 되어야 하는데, 이는 진짜로 우리 모두의 일이기 때문이다. 목표들은 항상 도달할 수 있는 것은 아니다. 하지만 언제든지 아니다 싶으면 다시 세울 수 있다. 비행기 조종사는 이를 "비행중 조정"이라 부른다.

대화의 중요성

목표들을 세울 때 반드시 대화를 잘 해야 한다. 대화는 이해를 창출하고자 하는 지도자의 몫이며 이는 정신적·육체적 노력을 요한다. 대화를 제대로 하지 못하면 재난을 초래할 수 있다.

하루는 어떤 남자의 차가 고속도로에서 오도가도 못하고 있었다. 어떤 여자가 와서 도와줄 게 있는지 물었다. "예, 엔진에 시동을 걸도록, 좀 밀어주시면 감사하겠습니다." 라고 이 꼼짝 못 하게 된 남자가 대답했다.

여자는 머리를 끄덕이며 "그렇게 하지요." 라고 대답했다.

그 남자는 "제 차는 자동 트랜스미션입니다. 그러니까 엔진이 점화되려면 30마일 속도로 한 시간은 달려야 합니다."라고 설명했다.

그 여자는 끄덕였고 고속도로에서 밀기 시작했다. 잠시 후 그 남자는 자신의 자동차 백미러로 그 여자가 30마일 속도로 1시간 동안 자신의 차를 계속 밀어대는 것을 두려워 떨면서 보았다. 당연히 대화부족으로 오해가 있었던 것이다.

나(폴)는 사역하는 동안 다른 사람들과 마음문을 열고 정직하게 대화하는 중요성을 일치감치 터득했다: 한번은 내게 한 행정관의 대인관계 기술을 개발하는 데 도움을 주라는 임무가 맡겨졌다. 그는 매우 은사가 있는 젊은 행정관이었지만, 다른 사람과 효율적으로 관계를 맺는 일에 큰 어려움을 갖고 있었다.

내 상관은 비밀리에 그 임무를 주었다. 내 상관은 나에게 그 젊은이와 함께 하여 그가 다른 사람들에게 더 민감해지도록 도와주고, 그가 더 효율적으로 일을 할 수 있도록 도와주라고 부탁했다. 그 일이 매우 힘든 일이라는 것을 오래지 않아 알게 되었다. 그 젊은이는 극도로 불쾌하고 무례했다. 하지만 내가 함께 대화하고 시간을 보내면서 그는 내 제안과 지도에 잘 반응하는 것 같았다.

그 젊은이와 함께 몇 주간 시간을 보내고 난 뒤, 그가 같은 사무실에 있는 어떤 여자에게 이야기하는 것을 들었다. 그는 칭찬을 하려고 하는 것 같았다.

"오, 오늘 참 예쁘시네요. 옷이 정말 예뻐요."

나는 승리감을 느끼면서 의자에 앉아 있었다. "그 옷을 입으니까 그렇게 뚱뚱해 보이지 않는데요." 라고 그가 말을 이을 때까지는.

나는 그와 대화할 때는, 보다 분명히 하고 은근하게 말하는 것은 삼가야겠다고 즉시 깨달았다. 사실, 다른 사람들과 대화에서 "사랑의 직면"이 종종 필요하다. 성경에서 말하는 바 "사랑 안에서 진리를 말하는"(엡4:15) 부분에서 좀더 효과적이 될 필요가 있다. 우리가 사랑으로 그리고 건설적으로 나누게 된다면, 하나님께서는 우리에게 진리를 다룰 능력을 주셨다고 나는 믿는다. 다른 사람들에게 사랑과 관용 그리고 민감성을 가지고 대화할 필요가 있다. 그것이 바로 예수의 영이다.

어떤 지도자들에게 대화는 일방적이다. 사람들이 무엇을 알고, 생각하고, 했으면 좋겠다는 것을 남들에게 말하는 것. 이는 외람된 권력의 전유물이 될 수 있다. 우리는 대화 자체를 위해 대화라는 수단을 쓰는데 종종 실수를 하기 때문에 우리 스스로도 다 이해하지 못한다.

만약 우리가 진정한 섬김의 지도자로 대화하기 원한다면, 자신에게 먼저 물어야 한다. (1)내가 진정으로 말하거나 쓰고자 하는 것이 무엇인가? (2)내가 실제로 말하거나 쓴 것이 무엇인가? (3)내가 써 놓은 것이나 말한 것을 읽거나 들은 사람에게 미칠 정서적 영향은 무엇이 될 것인가?

그런 다음 다음의 세 가지 질문들을 대화하고 싶은 상대에게 적용시켜 보라: (1)상대방이 듣거나 읽기를 원하는 것이 무엇이겠는가? (2)말해지거나 쓰인 내용에도 불구하고 사람들이 실제로 읽거나 듣는 것은 무엇일까? (3)쓰여 있거나 읽은 내용에 대해 상대방이 어떻게 느끼겠는가?

결코 감동을 주려고 대화하지 말고 대화하기 위해 하라. 말꼬리를 이어가지 말고 상대방이 이해할 수 있게 해주라. 내용이 이해되었는지 확인하고 이해라는 견지에서 대화자에게 무엇이 중요한 것인지를 항상 전달하라.

유능한 지도자란 항상 감동적으로 말하고 운영하는 사람은 아니다. 어떤 때는 다른 사람이 말하는 것을 정확히 듣고, 이해하는 사람이 유능한 지도자이다. 사람들이 말할 때 조심해서 들어라. 조심스러운 관찰자에게는 사람들이 말할 때마다 자신들의 어떤 것을 드러내게 되는 것이다. 듣기는 유능한 대화의 필수적인 부분이다. 그리고 진실로 긍휼을 베푸는 지도자는 들어주기를 잘하는 사람이 될 것이다.

열광하라!

당신의 일에 열광하라. 현재 하고 있는 일을 즐기는가? 열정적인 지도자는 어떤 평범한 일이라도 숭고한 일로 만들 수 있다. 선천적으로 다른 사람들을 확언해 주는 열정적인 사람만큼, 조직과 가정, 교회 혹은 사업체의 분위기와 생산성을 향상시키는 것은 없다. 자신에게 물어보라, "내가 있으면 낙심한 사람들이 새 힘을 얻는가?"

긍정적이 되라. 모든 상황에서 긍정적인 해결책을 보라. 모든 문제는 극복해야 할 도전으로 만들라. 에드워드 콜(Edward Cole)이 제너럴 모터스(General Morors)의 사장으로 있을 때, "당신은 무엇이 다른 사람들과 다른가? 제너럴 모터스의 수천 명의 직원을 제치고 최고의 자리에 오른 이유가 무엇인가?"라는 질문을 받았다. 콜(Cole) 씨는 잠시 생각하다 이렇게 대답했다.

"나는 문제를 사랑합니다."

당신은 어떠한가? 문제가 당신을 삼키는가? 아니면 그 문제를 극복하는가? 이제 문제는 그만 이야기하고 해결책을 이야기할 때가 된 것 같다. 격려자가 되라. 복음의 빛 출판사(Gospel Light Publication) 창설자인 헨리에타 마이어스(Henrietta Mears)는 종종 이렇게 이야기했다. "언제나 내가 사람을 만날 때면 나는 그들의 가슴에 "내 이름은 ○○○입니다. 나를 소중하게 여겨 주세요." 라고 씌어 있는 표를 연상시킵니다."[3]

바나바와 디모데를 발견하라

모든 기독교 지도자들은 바나바를—기도와 후원과 상담에 늘 함께 해주는 자—필요로 한다. 모든 섬기는 기독교 지도자들은 그 자신을 내어 주고 함께 나눌 수 있는 디모데 같은 사람이 반드시 있어야 한다.

책임감을 가지라

긍휼의 지도자는 태어나는 것이 아니다. 그들은 성장한다—그들은 개발된다. 또한 우리가 믿기로는 모든 섬기는 기독교 지도자들은 책임집단의 일원이 되어야 한다. 우리 둘 다 이를 개인적인 경험을 통해 통감하고 있다. 사실, 우리는 한 공동체에서 10년간을 같이 사역하면서 책임집단으로부터 즐거움과 유익을 누리고 있다.

이것을 기억하라. 긍휼의 지도자는 태어나는 것이 아니다. 그들은 성장한다—그들은 개발된다. 그리고 그들을 필요로 하는 자들에게 다가간다. 그들은 기쁨으로 일하고, 정서적으로 잘 견디며, 하나님께서 그들을 두신 곳에서 사람들을 기쁘게 섬긴다.

---

3. Henrietta Mears, quated in Pastor Ray Pritchard, "You've Been Chosen to Clap and Cheer", Calvary Memorial Church.
http://www.calvarymemorial.com/pastor_ray/sermons/read_sermon.asp?id=292 (accessed December 5, 2005)

책임을 전가하지 말라

하나님이 모세를 섬기는 지도자로 부르신 얼마 후, 그 족장은 이의를 제기했다. "주여 보낼 만한 자를 보내소서. 나보다 더 유능하고 경험많은 자를"(출 4:10-13). 그리고 나서 우리는 여호와께서 모세를 향하여 노를 발하신 것과 그래도 모세를 돕기 위해 레위사람 아론을 참여시킨 것을 알고 있다.(14-17절)

비록 모세가 마지못해 순종하기 시작했으나 하나님은 이렇게 물으심으로 그의 연약함을 용납하셨다. "네 손에 있는 것이 무엇이냐?" 그때 모세는 대답하기를, "지팡이니이다."(2절) 했다.

하나님은 "그것을 사용하라."고 하셨다.

동일한 질문을 하나님은 다윗에게도 하셨다. "물매니이다."라고 대답한 그에게 "그것을 사용하라" 고 말씀하셨다.

하나님은 "펜입니다" 라고 대답한 사도 바울에게도 "그것을 사용하라."고 하셨다.

만일 하나님이 당신 손에 있는 것이 무엇이냐고 물으신다면, 어떻게 대답하겠는가? 무엇을 내어 놓든지 하나님은 이렇게 말씀하신다. "네가 하찮다고 여기는 것을 내가 엄청난 것으로 만들 것이다."

변명은 여러 가지 있을 수 있다. 즉, "시간이 없어서…." 혹은 "너무 나이가 들어서…" 또는 "너무 어려서…" 아니면 "너무 경험을 많이 해서…."

이런 변명들은 새로운 것이 아니다. 마틴 루터(Martin Luther)도 처음에는 자신이 설교하기에 너무 보잘것 없다고 느끼면서 주저했다. 존 녹스(John

Knox)도 자신의 은사를 사용하는 데 있어 똑같이 뒷걸음질쳤다. 그의 나이 42세에 예기치 못했던 요청을 받았을 때, 그는 눈물을 터뜨리며 자기 방으로 들어가 버렸다. 주께서 예레미야를 부르셨을 때, "주 여호와여 나는 아이라 말할 줄 모르니이다"(렘 1:6) 라고 그 선지자는 대답했다.

이 모든 사람들은 주의 사역을 감당하라는 요청을 받았을 때, 자신들의 한계를 잘 자각하고 있었다. 은사가 없다 할지라도 하나님께서 우리를 섬기는 리더십으로 부르실 때, 거절할 수 있는 합당한 이유가 결코 될 수 없는 것이다.

하나님은 재능 있는 사람들을 선발하시는 일에 일차적 관심이 있는 것이 아니다. 오히려 연약한 자를 들어 하나님의 능력을 드러내시는 것을 기뻐하신다. 우리의 한계는 주님의 기회일 뿐이다.

"우리가 무슨 일이든지, 우리에게서 난 것같이 생각하여 스스로 만족할 것이 아니니," 라고 사도 바울은 쓰고 있다(고후 3:5 새킹제임스역). 그가 자신의 가시를 제해 달라고 간절히 기도했을 때 하나님은 그에게 말씀하셨다. "내 은혜가 네게 족하도다. 이는 내 능력이 약한 데서 온전하여짐이라"(고후 12:9).

하나님을 의지하며 섬기는 지도자는 의존적인 존재가 아니라 성장하는 사람이 되어간다. 어떤 사람도 하나님 앞에 무릎 꿇는 그 이상 크지 못한다. 주님이 부르실 때는 주님이 준비시키신다.

모세는 "다른 이를 보내소서." 라고 말했지만, 이사야는 "[주여] 내가 여기 있나이다 나를 보내소서"(사 6:8). 라고 했다.

당신은 뭐라고 말할 것인가?

5장
긍휼의 지도자와 멘토되기
COMPASSIONATE LEADERS AND MENTORSHIP

긍휼의 지도자와 멘토되기

책임의 단계

어떤 사람이 다른 사람에게 그 사람의 행동에 책임을 져야 한다고 말하는 것은 오늘날에는 흔치 않다. 하지만 이 사랑의 행동은 멘토의 역할을 감당하는, 긍휼을 베푸는 섬기는 지도자의 역할에는 너무 잘 어울리는 것이다. 사람은 자기가 유능한 부분에서만 어려운 질문과 요청을 하는 것이다.

"멘토(mentor)"라는 용어가 처음 나타난 것은 희랍신화인데 호머(Homer)의 '오딧세이(Odyssey)'에서 율리시즈(Ulysses)가 멘토라 이름하는 지혜자에게, 자신이 트로이 전쟁에 나간 동안 자기 아들, 텔레마쿠스(Telemachus)를 보살펴 달라고 부탁하는 데서 나온다. 엄밀히 말하자면, 원래의 멘토는 공정치 못한 유명세를 요즘 갖는 것이다. 그 임무가 자신이 할 수 있는 그 이상의 것이면, 아테네(Athena) 여신이 신기하게 나타나서, 그의 모습을 하고 손을 빌려 주었다. 그 신화적 멘토는, 텔레마쿠스가 씩씩한 소년으로 자라나 그 아버지가 왕국을 회복하는 데 영웅적으로 도와줄 인물이었기에, 자기의 임무를 잘 수행했어야 했다.

오늘날의 멘토는 현실세계 속에서 전설에서 나오는 것을 능가하는 목적들을 갖고 있다. "훈련가(Discipler)"라는 말이 다음의 차이점들과 함께 비슷한 유의어가 될 것이다. 훈련가는 후보생들이 (1)하나님 아버지의 뜻을 위해 자신의 뜻을 포기하는 것; (2)그리스도의 영광을 위해 매일 영적희생의 삶을 살도록 하는 것; 그리고 (3)그 주인의 명령에 항상 복종하는 것을 추구하도록 하는 것을 돕는 자이다.

자녀들이 성장해 감에 따라 그들 삶에서 가장 건강한 상태—자신들의 부모와 맺고 있는 책임성—중의 하나로부터 종종 멀리 떠난다. 그들이 10대 후반 및 20대 초반의 중요한 시기에 이를 때, 젊은이들은 멀리 떨어진 기숙사로 가거나 타주 지역에서 직장을 잡거나 혹은 결혼해서 배우자와 함께 이사간다. 지금까지 집에서 지속적으로 책임을 져 주던 그 관계는 거의 없는 것이다.

그때부터 어머니와 아버지는, 설사 자녀들이 현명하지 않은 결정을 하는 것을 안다고 하더라도 말을 아낀다. 즉, 부모가 쓸데없이 참견이나 하는 사람으로 보이고, 자녀를 의존적으로 만들고 싶어 하지 않는다. <u>젊은 사람들은 진리를 말해 줄 만큼 자신들을 사랑하는 멘토가 없으면 그 힘을 남용할 우려가 많다.</u>

돈을 벌고 사용하는 문제들, 결혼생활의 스트레스, 주변에 사람이 몰리게끔 할 충분한 권력을 제공하는 자리로 승진 등. 이 모든 것은, 부모가 섬기는 지도자로서 평생 멘토 역할을 감당하고, 그들의 장성한 자녀들에게 사랑 안에서 진리를 말해 주지 않으면, 자녀들을 재앙으로 이끈다.

성경에서 보는 책임성

보디발의 집에 있는 요셉은 애굽을 다스리는 그에게 책임을 다했다. 보디발의 아내가 그 무고한 사람에게 계속 추파를 던지다가 나중에는 겁간한다고 소리를 지를 때에도 요셉은 보디발에게 자신의 책임을 다했다(창 39:7-20).

사울이 왕이 되었을 때, 사무엘 선지자가 도착하기를 기다리지 못하고 스스로 하나님께 제사를 드렸고, 사울 왕은 사무엘 선지자에게 의무를 다하지 못한 것 때문에 심히 책망을 들었다(삼상 13:8-14).

다윗이 밧세바와 간음하고 우리야를 죽인 것 때문에 온 나라가 떠들썩했을 때, 나단 선지자가 왕 앞에서 그의 범죄행위를 고발하였다. 이는 다윗 왕이 나단 선지자 앞에서 책임이 있었기 때문이었다(삼하 12장).

느헤미야가 예루살렘으로 가서 성벽을 재건하기 원했을때, 자신이 술 맡은 관원으로 일하고 있는 왕에 대한 의무가 있었기 때문에 아닥사스다 왕에게서 허락을 받아야 했다(느 2:1-9).

다니엘이 왕과 대신들의 말을 불순종해야 했을 때, 그는 하나님 앞에서 의무를 다했고 아무것도 숨길 것이 없었기에 지극히 평온히 있을수 있었다.(단 6장)

주님이 이 땅에 오셨을 때 주님의 생애를 뛰어나게 만든 것 중의 하나는, 아버지의 뜻에 순복한 것이었다. 사도 요한은, 예수님께서는 항상 아버지를 기쁘시게 하는 것을 하셨다고 여러 번 우리에게 말한다(요 8:29).

예수님이 택하사 그의 제자가 되게 하신 열두 사람에게 주님은 사역의 횃불을 넘겨 주셨다. 이 사람들은 주님 앞에서 책임이 있었으며 궁극적으로는 서로에 대해 의무가 있었다. 바울과 실라는 안디옥 교회에 의무가 있었고(행 15:35), 오네시무스라는 노예는 빌레몬에게 의무가 있었으며(10절), 디모데는 사도 바울이 믿음 안에서 그의 아비였기 때문에 의무가 있었다(딤전 1:2).

훈련을 통한 멘토해 주기

어떤 부모는 자신들이 자녀들을 훈육하면 자녀들이 사랑하지 않는다고 여길까 봐 두려워한다. 하지만 정 반대이다. 잠언 13장 24절에서 약속하기를, "초달을 차마 못 하는자는 그 자식을 미워함이라 자식을 사랑하는 자는 근실히 징계하느니라."

요한 웨슬리와 찰스 웨슬리의 어머니인 수잔나 웨슬리(Suzanna Wesley)는 열한 자녀를 두었다. 그녀는 아이의 고집은 두 살이 되기 전에 반드시 꺾어야 한다고 믿었다. 그때쯤에는 아이가 부모의 말씀과 권위에 순복하는 것을 반드시 배워야 한다고 그녀는 믿었다. 자녀 양육의 21가지 원칙 중의 하나가 상담과 조언이 일관성이 있어야 한다면, 그것은 바로 자녀양육에 있어 상담과 조언이라는 것이다. 어제 징계받은 일이라면 오늘도 징계받아야 한다는 것이다.

하나님은 자녀에게 기준을 세우기 위해 부모들을 멘토링해 주기 원하신다. 부모들은 무엇이 옳고 그른 것인가에 대해 산 표본이 되어야 한다. 만일 그들이 건전한 도덕률을 가지고 산다면, 그 자녀들의 양심을 바르게 세워 갈 것이다.

잠언 23장 13-14절은 채찍으로 훈계할 것을 권하고 있다.

"아이를 훈계하지 아니치 말라 채찍으로 그를 때릴지라도 죽지 아니하리라. 그를 채찍으로 때리면 그 영혼을 음부에서 구원하리라."

언제 마지막으로 당신의 자녀를 팔에 안고 가까이 당겨서 그 아이가 당신에게 얼마나 기쁨이 되는지를 말했는가? 단지 말로만 하는것은 적절하지 않다. 교훈과 책망 사이에 낀 채찍은 부모가 자녀들에게 멘토하기 위한 하나님의 방법이다.

마땅히 행할 길을 아이에게 가르치라 그리하면 늙어도 그 길을 떠나지 아니하리라(잠 22:6).

6장
하나님 앞에서의 우리의 책임
OUR ACCOUNTABILITY TO GOD

하나님 앞에서의 우리의 책임

인격 형성의 장애물

만일 섬기는 지도자가 사랑으로 돌보는 목자의 스타일이 아니라 그 이외의 다른 유형으로 리더십을 행사한다면 어떻게 될까? 그것은 우리에게 문제가 되는 일인가? 하나님에게도 문제가 되는 일인가? 그 대답은 정말로 그렇다 이다!

정직성(integrity)은 우리의 마음에 있는 것을 드러내는 개인적인 과정이나 조직적인 과정의 결과이다. 우리 각자는 마음이 지시하는 바에 따라 선택을 결정한다. 인격(character)은 그러한 선택의 반복에 의해 개발된다. 일련의 선택들이 우리에 대한 평판을 만들고 타인들이 생각하는 우리의 모습을 결정한다. 기독교 변증가인 오스 기네스(Os Guinness)는 "한 사람의 인격은 가치관보다 더 깊은 곳에, 철학이나 충성, 소속, 업적보다 훨씬 더 깊은 곳에 자리하고 있다."고 말했다.[1]

때로 이것은 이론 그 이상의 어떤 것이 된다. 존경받는 기독교인이 있었는데 그는 한때 비영리단체의 이사로 일한 적이 있었다. 이 단체의 이사장이 성희롱과 공금횡령의 혐의를 받게 되었다. 그 이사는 자신의 신념에 충실할 것인가? 다른 크리스천들에게 그토록 강조해 왔던 진실의 사람이 될 것인가? 슬프게도, 그는 그 문제가 노출되지 않도록 했다. 정직성은 그 선택이 고통을 가져온다고 해도 바른 것을 선택함을 의미한다.

강한 확신을 소유한 리더들의 실수는, 그들이 비전을 품은 자라는 이유로 혹은 대형교회를 담임하고 있다거나 성공적으로 사역을 하고 있다는 이유로 간과되는 경우가 종종 있다. 최고 위치의 리더십을 보호하라. 그렇지 않으면 엄청난 피해를 보게 된다는 것이 암묵계이다.

우리는 이런 식의 접근방식을 거절해야 한다. 물론 모든 결정이 옳은 결정일 수는 없으나 행동을 취한다는 것은 우리가 어떠한 사람으로 존재하는가를 의미하며 약점이나 불안보다는 인격의 힘에 근거한다.

크리스천 상담기관인 크리에이티브 리소스(Creative Resources)의 회장, 돈 오티스(Don Otis)는 정직성을 우리 문화에는 결여되어 있으나 크리스천들에게 "절실히 필요한" 덕목이라고 말한다. 〈크리스천 매니지먼트 리포트(Christian Management Report)〉라는 잡지에서, 정직성이란 선택을 하고 인성

---

1. Os Guinness, Character counts(Grand Rapids, MI: Baker Books, 1999), p. 12.

을 개발하는 "우리의 마음속에 있는 것과 더불어 시작되는 개인적인 과정이나 조직적인 과정의 일부분"이라고 말한다.[2]

정직성은 반대를 용납한다. 항상 부정적이기만 한 사람을 주변에 둘 필요는 없지만 우리가 이끌어 가고 있는 사람들의 우려나 비평에 귀 기울일 줄 알아야 한다. 리더는 합리적인 반대의견과 헐뜯기 식의 반대를 분별해야 한다. 헐뜯기 식의 반대는 독이 될 수 있다. 경영 전문가인 피터 드러커(Peter Drucker)는 "어떤 조직이든 반대하는 사람이 필요하다"고 말한다.[3] 그는 어떤 조직이 중요한 일을 결정할 때 공개적인 논의 과정 없이 독단적으로 결정하면 그 조직은 약점을 갖게 된다고 생각하였다.

정직성은 리더십의 약점을 인정한다. 우리들 중 대부분은 우리 자신이 흙으로 지음받은 불완전한 존재요 찬송가 가사처럼 "연약하디 연약한"[4] 존재임을 잘 알고 있다. 우리는 크리스천으로서 날마다 우리를 공격해 오는 그 모든 문제에 대하여 해답을 갖고 있지 않음을 겸손히 인정해야 한다. 우리 가운데 인격적 결함이나 불완전함, 두려움을 갖고 있지 않은 사람은 아무도 없다. 도마는 자신의 구세주를 의심했고, 모세는 동족을 살해했으며, 엘리야는 소명을 버리고 도망쳤고, 요나는 여호와를 피해 숨으려고 했으며, 다윗은 도덕적 죄에 빠졌다. 그런데 이들을 정의하는 것은 그들이 행한 잘못이 아니라 그들이 옳게 행한 일들이었다.

정직성은 우리의 교만을 인정한다. 루이스(C. S. Lewis)는 "교만은 모든 다른 악의 원인이 된다. 왜냐하면 교만은 영적 암이기 때문이다. 교만은 사랑이나 만족, 심지어 상식의 가능성까지 전부 집어삼켜 버린다."[5]고 했다. 누구든지 자신의 내면에서 교만을 감지하는 일은 쉬운 것이 아니다. 교만은 우리의 눈을 가려 사람들이 실제로 우리를 어떻게 보고 있는지를 보지 못하게 만든다. 교만의 유일한 해결책은 겸손이다.

유대 왕 여호사밧의 이야기를 생각해 보라. 이 지혜로운 왕은 거대한 군대가 그를 치려고 올라온다는 소식을 듣고 어떻게 하였는가? 그는 네 가지를 결정했다: (1)여호와께 물었다. (2)금식을 선포했다. (3)백성들과 함께 모였다. (4)여호와께 도우심을 간구했다(대하 20:1-12). 겸손이 여호사밧의 강점이었다. 그는 기도 가운데 "어떻게 할 줄도 알지 못하옵고 오직 주만 바라보나이다."(12절) 라고 말함으로써, 자신의 한계를 인정했다. 우리 자신에게 모든 해답이 없음을 인정하는 것은 결코 잘못된 일이 아님을 여호사밧의 이야기를 통해 다시 한 번 기억할 수 있다.

정직성은 여호와를 신뢰하게 한다. 불안은 두려움에서 나온다. 우리 모두는 신뢰라는 이 중요한 성품의 자질이 없을 때 두려움을 경험한다. 불안한 지도자는 화를 내고, 통제하거나 협박하려고 한다. 이 모든 것들이 조직에 역기능을 가져온다. 잠언은 "너는 마음을 다하여 여호와를 의뢰하고 네 명

---

2. Don Otis, "Roadblocks to Integrity: Potholes to Dodge in Building Character," Christian Management Report, April 2004, p. 1.
http://content.silas partners.com/383/42427/383_42427_April04CMR.otis.pdf (accessed February 22, 2006).
3. Peter Drucker, The Drucker Foundation Self-Assessment Tool; Participant Workbook(San Francisco: Jossey-Bass, 1999). http://www.pfdf.org/leaderbooks/sat/questions.html (accessed December 6, 2005).
4. Robert Grant, "O Worship the King." http://www.cyberhymnal.org/htm/o/w/owtking.htm (accessed February 22, 2006).
5. C. S. Lewis, Mere Christianity (San Francisco, 2001), n.p.
http://www.a.ghinn.btinternet.co.uk/greatsin.htm (accessed December 6, 2005).

철을 의지하지 말라."(3:5)고 말한다. 여호와와 다른 사람들을 의지하는 것은 약점을 시인하는 일이 아니라 우리 자신이 의존적인 존재임을 지혜롭게 인정하는 것이다.

정직성은 감사하는 마음을 기른다. 하나님은 감사하는 마음 가운데 거하신다. 우리 죄인들이 스스로의 고칠 수 없는 삶의 문제 가운데, 우리의 연약함을 인정할 때 우리는 감사하는 마음으로 여호와께 의뢰한다. 여기서 성공의 열쇠는 늘 감사하는 것이다. 하나님은 자신의 백성들을 위하여 자신이 행하신 일을 기억나게 하시려고 금식과 절기를 제정하셨다. 자기중심적인 리더는 감사할 줄 모른다. 대신, 그는 자신의 성공에 대해 그 공을 자신에게로 돌리고 마땅히 칭찬받아야 할 사람을 칭찬하지 않는다.

정직성은 부당하게 조종하려고 하지 않는다. 조종의 성향을 가진 사람은 겸손할 수 없다. 종종 우리는 우리 자신의 불안감을 들키지 않기 위해 조종과 통제를 꾀한다. 우리는 자신의 인격적 약점이 드러나게 될까 봐 두려워한다. 그러나 겸손한 가운데 자신의 결점에 대한 정직한 평가를 내릴 때, 다른 사람들과의 관계에서 항상 정직성으로 한 동아리가 되게 만드는, 섬기는 지도자가 될 수 있다

정직성은 감성지수를 반영한다. 지도자들은 종종 정서적 약점이 자신을 마비시키는 것을 경험한다. 이런 경험이 반복되면 과대망상에 사로잡힌 전제군주로 변할 수 있다. 리더십을 행사하는 가운데 경험하는 좌절과 실패는 종종 낮은 감성지수와 연관되어 있다. 지도자로서 다른 대부분의 사람들에 비해 좀더 유능하고, 좀더 큰 확신을 가지고 있으며 보다 좀더 기술을 가지

고 있는 것처럼 보일 수 있다. 그러나 실제로는 그렇지 않음이 증명된다고 해도 그 지도자를 따르는 사람들은 그를 용서할 수 있다. 지도자의 정직성을 굳게 확신하기 때문에 실수들은 간과할 것이다.

정직성은 약점을 포용하도록 도와준다. 약점을 인정하는 것은 그 약점에 항복한다는 의미가 아니다. 우리의 주님이신 예수님은 그 분의 강함이 우리의 연약함 가운데 온전해진다고 말씀하신다(고후 12:9). 이것은 역설이다. 그러나 기독교 신앙의 핵심은, 우리의 연약함을 딛고 일어서도록 하나님께서 도와주심을 신뢰하는 것이다. 하나님은 우리가 세상에서 변화를 이룰 수 있게끔 우리를 다듬어 가기를 기뻐하신다.

우리는 사도 바울이 그러했던 것처럼 우리 자신이 지도자의 자리에 합당하지 않은 사람이라는 증거로 우리의 약점을 내세울 수 있다. 섬기는 지도자인 우리는, 언제든지 자신은 실수할 수 있는 사람임을 인정해야 한다. 이것을 좀더 빨리 인정할수록 보다 진정한 긍휼의 사람으로 변화할 수 있다.

정직성은 일보다 사람을 우선시한다. 어떤 비전의 지도자들도, 자신이 추진하는 일이 그 일을 실현시키는 사람들만큼은 중요하지 않다는 말을 듣고 싶어하지 않는다. 기독교 사역자들은 목적이 수단을 정당화한다고 믿는 경향이 있다. 결과가 중요하며, 사역의 질은 때로 평가절하된다. 마치 주의 사역이 그리스도처럼 사람을 사랑해야 하는 우리의 필수적 요구에 대치될 수 있는 것처럼.

궁휼의 마음을 가진 리더가 다른 사람들과의 관계에서 정직성을 유지하는 일이 어떻게 가능한가? 가장 확실한 방법은 그리스도가 어떻게 하셨는지를 생각해 보는 것이다. 그리스도는 인내하셨으며 그분이 만나는 사람들—주님의 소명에서 그다지 중요하지 않았던 사람들이라고 말하고 싶은 그런 사람들—에게 엄청난 에너지를 쏟아 부으셨다.

내가 사람들과의 관계에서 정직성을 견지하는지의 여부를 어떻게 알 수 있는가? 그것은 나의 일이나 평판에 전혀 상관없는 사람들을 대하는 자신의 태도를 생각해 보면 알 수 있다.

섬기는 지도자는 "주님을 위해 이 일을 하고 있다"는 이유로 진리를 가공하거나 창피한 사실을 숨기거나 변명하거나 합리화시키거나 정당화시키거나 타협하고 싶은 유혹을 느끼지 않는다. 결국 성품이 일하는 것이며, 우리의 성품이 주 예수 그리스도를 따르는 우리가 어떤 사람인지를 충분히 말해 준다.

나쁜 지도자 다루기

크리스천 리더들이 사랑으로 돌보는 목자의 스타일이 아닌 다른 스타일로 사람들을 이끌어갈 때 그것은 하나님께 문제가 되는가? 대답은 분명히 그렇다이다. 긍휼한 지도자들이 긍휼심을 잃어버리고 이기적으로 변하거나 혹은 돈이나 권력 때문에 부패하거나 독재자가 되거나 이방인들의 리더십 스타일을 좇으려고 할 때, 이런 일들은 하나님을 근심케 한다.

하나님께서 에스겔에게 주신 예언을 재차 설명하는 에스겔 34장에서, 전능하신 하나님은 부적절한 통치에 대하여 직접 11가지의 혐의사실을 고소하시며 하나님의 백성들을 돌보는 일에 대한 깊은 관심을 표현하셨다.

1. "자기만 먹이는 이스라엘 목자들은 화 있을진저"(겔 34:2). 이 메시지는 요한복음 21장 15절에서 그리스도께서 베드로에게 하신 말씀, 즉 개인적인 유익만을 위해 하나님의 양떼를 먹이지 말라고 하신 말씀과 유사하다. 하나님께서는 우리 자신을 돌보는 사역으로 우리를 부르신 것이 아니라 그분의 귀한 백성을 돌보라고 우리에게 맡겨 주셨다. 그들은 하나님의 백성이며 하나님의 목장에 살고 있는 양떼다.

에스겔은 그 자신들을 끔찍이도 먼저 잘 돌본 목자들에 대하여 말했다. 그들은 양의 기름을 먹으며 양의 털을 입었고 가장 살진 양을 잡아 자신들의 배를 불리고 몸을 따뜻하게 했다(3절 참고). 즉, 양떼를 이용해 자신들의 유익을 도모했다. 주는 일에는 관심이 없고 받는 일에만 마음을 두었다. 목자라는 자신들의 역할을 이기적으로 수행하고 개인적인 유익을 위해 사람을 이용하기만 하고 되돌려 주는 것은 아무것도 없었다.

이 예언적 메시지에서 하나님께서 그 목자들을 고발하신 죄목은 이것만이 아니었다. 또 다른 중요한 죄가 강하게 암시되고 있는데 그것은 목자들이 오로지 자신들만을 돌보았다는 것이다. 그렇게 함으로써 그들은 양들의 필요를 완전히 무시하였으며 하나님께서 돌보라고 맡겨 주신 사람들의 필요를 채워 주지 않았다.

분명, 그 목자들은 하나님께서는 모르시리라 생각했을 것이다. 그들은 자신들의 죄에 미혹당했다. 자기 일만 하고 자신을 돌보는 일에만 몰두하느라 양떼뿐만 아니라 하나님까지도 완전히 잊어버렸다.

2. "너희가 그 연약한 자를 강하게 아니하며"(4절). 하나님은 이어서 목자

들의 잘못을 구체적으로 지적하셨다. 먼저, 그들이 연약한 자를 강하게 하지 않았음을 고발하셨다. 모든 양무리에는 특별한 돌봄과 주의가 필요한, 좀더 연약한 양이 있게 마련이다. 긍휼의 지도자라면 온전히 강한 사람만의 집단을 인도하는 일은 결코 없다는 것을 알고 있다. 연약한 자들은 항상 우리와 함께 있다. 사실, 어느 교회에나 연약한 자들이 있다. 이 소수의 연약한 자들은 목회자의 시간과 관심을 더 많이 필요로 하며, 목회자는 관대함과 섬김의 마음으로 이들을 사랑하며 보살펴 주어야 한다.

3. "병든 자를 고치지 아니하며"(4절). 치료란 일반적으로 의사가 병원에서 하는 사역이다. 하지만 긍휼의 지도자인 우리에게 우리가 인도해야 할 사람들을 치유하는 일에 책임이 있다. 야고보는 이 메시지를 이렇게 말하였다. "너희 중에 병든 자가 있느냐 저는 교회의 장로들을 청할 것이요 그들은 주의 이름으로 기름을 바르며 위하여 기도할찌니라 믿음의 기도는 병든 자를 구원하리니 주께서 저를 일으키시리라 혹시 죄를 범하였을찌라도 사하심을 얻으리라"(약 5:14-15).

하나님이 모든 치유의 근원이시다. 에스겔의 말씀이나 야고보서의 말씀이나 그 어떤 말씀도 의사에게 가고 약을 먹고 수술하는 일을 금하라는 말씀이 아니다. 이 말씀들이 가르치는 것은 섬기는 지도자들에게 치유 사역이 맡겨졌다는 것이다. 병든 자들을 위하여 기도하고 그 결과를 하나님께 맡기는 것은 항상 옳은 일이다.

4. "상한 자를 싸매어 주지 아니하며"(4절). 하나님은 또한 상처 입은 양을 싸매어 주지 않은 것에 대해 목자들을 꾸짖으셨다. 선한 사마리아인의 비

유와 같은 생생한 묘사이다(눅 10:25-37). 강도를 만나 죽어 가는 사람을 그냥 지나쳐갔던 제사장은 그를 돕기 위해 멈추지 않았으며, 레위인도 그러하였다. 두 사람 모두 종교 지도자들이었다. 두 사람 모두 여호와를 섬기는 사람으로서 긍휼을 베푸는 지도자들이었어야 마땅했다.

그러나 그 두 사람 중 어느 누구도 피 흘리고 있는 사람의 상처를 싸매 주기 위해 멈추어 서지 않았다. 바쁘기 때문에 지체할 틈이 없다고 생각했을 수 있다. 혹은 다른 이유-하나님께서 에스겔 선지자를 통하여 말씀하신 바로 그 이유-가 있었을 수도 있다. 그들 자신에 너무나 열중한 나머지 상처로 신음하고 있는 자를 그냥 무시해 버렸을 수도 있다. 그날의 사역 일정 속에는 상처받고 신음하는 사람을 돌보는 일이 없었기 때문에.

이 말씀은 긍휼과 섬김의 리더십으로 부름받은 우리들을 향한 경고의 메시지이다. 눈앞에 분명하게 보이는 유일무이한 일이 상처입은 사람에게 반응하는 일이었던 선한 사마리아인처럼, 우리도 곤고한 자들을 불쌍히 여기고 그들의 상처를 싸매 주며 상처가 치유될 때까지 그들을 돌보아야 한다. 우리 주님의 이 가르침은 우리 기독교인들이 추구해야 할 라이프 스타일의 근본이며 섬기는 리더십의 핵심이다.

5. "쫓긴 자를 돌아오게 아니하며"(4절). 선한 목자는 자신의 양떼를 주의 깊고 성실하게 지켜보며 한 마리도 길을 잃지 않도록 주의한다.

만일 어느 양이 길을 잃는다면 그것은 목자의 책임이다. 선한 목자는 양들의 이름을 알고 있으며 그 양들은 목자의 음성을 알고 목자 곁에 머문다. 선한 목자는 양들을 안전한 곳으로 인도한다.

미국 남가주에 있는 어느 교회에서 한 번은, 이 교회의 몇몇 장로들이 소재를 알 수 없는 교인의 이름들을 교인명부에서 "정리"하기로 결정하였다. 이 결정을 듣고 몹시 괴로웠던 목회자는 그 열심 있는 장로들을 설득하여 "잃어버린 자"를 찾는 일에 전력할 사역을 조직하고 선한 목자의 사랑과 자비, 인내로 그 양들을 찾아 나서게 하였다. 이 사역을 통해 다시 찾은 양들은 그리스도의 몸 안에서 필요한 모든 도움과 섬김을 받을 수 있었다. 만일 그 "잃어버린 자"를 하나님이 다른 양무리에게로 인도하신 경우에는 교회가 기쁘게 그들을 놓아 주었다. 그러나 그 일조차도 교회가 그들을 찾아서 사랑과 관심을 표현한 후에 그렇게 했다.

6. "잃어버린 자를 찾지 아니하고"(4절). 예수님은 승천하시기 전에 대사명이라는 것을 우리에게 주셨다. 주님은 그를 따르는 모든 자들에게 모든 족속을 제자 삼으라고 말씀하셨다. 그리스도께서는 그 분이 오신 것은 잃어버린 자들을 찾아 구원하기 위함임을 모든 섬김의 지도자들에게 분명히 말씀하셨다(눅 19:10).

이것이 100마리의 양을 지키던 목자에 대해 예수님이 비유로 말씀하신 내용이다(눅 15:1-7). 아흔아홉 마리의 양은 들판에 잘 있는데 한 마리가 없어졌다. 목자는 아흔아홉 마리를 안전한 곳에 두고, 홀로 길 잃어버린 양을 찾아 나섰다. 그 양을 찾았을 때 기쁨으로 어깨에 메고 집으로 데려갔다. 그리고 친구들을 불러서 잔치를 열고 말했다. "나와 함께 즐기자 나의 잃은 양을 찾았노라"(6절). 이 메시지는 구원의 좋은 소식이다. 예수님께서는 잃어버린 자를 찾아 구원하시고 그들에게 영생을 주시기 위해 오셨다.

7. "다만 강포로 그것들을 다스렸도다"(4절). 나쁜 목자들은 연약한 자를 강하게 하지도 않고, 아픈 자를 치료하지도 않고, 상처 입은 자를 싸매지도 않고, 잃어버린 자를 찾아 데려 오지도 않음으로써 양들을 성실히 돌보지 않았을 뿐만 아니라 잔인하고 모질게 그들을 다스렸다. 이 얼마나 큰 비극인가!

우리들 대부분이 양이나 다른 어떤 동물을 그렇게 학대할 수 있다는 생각조차도 혐오스럽게 느낀다. 하지만 사람을 학대한다는 생각은 훨씬 더 괴로움을 느끼게 한다. 우리는 지금 자녀 학대와 배우자 학대의 죄를 신문이나 라디오, 텔레비전을 통해 심심찮게 들을 수 있는 시대에 살고 있다. 이러한 죄들이 우리 사회에 대한 비극적인 고발이다!

그러나 하나님은 그분의 목자들이 그분의 양떼를 학대하는-가장 먼저는 양들을 거칠게 다스림으로- 끔찍한 죄를 저질렀다고 말씀하시고 있다. 우리 중에 부모 된 자들은 이 범죄를 경계해야 한다. 섬기는 지도자들인 크리스천 부모들은 예수님처럼 자신의 자녀들을 사랑과 존중, 부드러움과 온유로 대해야 한다.

사도 바울은 크리스천 부모들을 향하여 자녀들을 노엽게 하지 말라고 경고한다(엡 6:4). 부모들은 주의 돌보심과 훈계로 자녀를 양육해야 한다. 다른 말로 하면, 주님이 우리 자녀들을 대하는 방식대로 우리도 대해야 한다. 사실 부모들 자신이 궁극적으로는 하나님으로부터 양육을 위탁받은 자임을 깨닫는 것이 중요하다. 만일 우리가 예수님을 진정으로 따르고 있다면 이미 우리가 소유하고 있는 다른 모든 것들과 더불어 우리의 자녀들도 하나님께

드렸을 것이다. 우리가 주님의 자녀들을 돌보고 있음을 아는 것은 우리에게 두려움과 동시에 자유함을 준다.

물론 이러한 깨달음은 긍휼을 나타내는 섬기는 지도자로서의 우리의 역할을 생각해 보는 우리에게도 유익하다. 우리는 주님의 백성들을 돌보고 있다. 그들은 결코 우리의 백성이 아니다. 우리는 그저 하나님께서 우리에게 맡겨 주신 양떼를 돌보는 감독자에 불과하다.

둘째, 이 목자들은 그들의 양떼를 잔인하게 대하는 죄를 지었다. 거칠게 대하는 것도(언어적·정서적 학대) 문제이지만, 우리가 잔인함을 이야기할 때 일반적으로 실제적인 육체적 학대를 말한다. 양들을 정서적으로, 영적으로, 육체적으로, 심지어는 성적으로 학대하는 목자를 상상할 수 있는가? 결코 그렇게 되어서는 안 된다.

8. **너희가 양들을 흩었다**(5절). 다음으로, 하나님은 목자들이 그분의 양떼를 흩어버렸다고 고발하셨다. "목자가 없으므로 그것들이 흩어지며 흩어져서 모든 들짐승의 밥이 되었도다"(5절). 이것이 섬기는 지도자가 양떼를 버릴 때 벌어지는 일이다. 첫째, 어떻게 할지 몰라 혹은 어디로 갈지를 몰라서 사람들이 흩어진다. 이와 같이 상처 입고 갈 바를 모르는 사람들에 대한 성경의 서술은 너무나 생생하다—그들은 "목자 없는" 양과 같다. 이것이 무력함에 대한 궁극적 서술이다. 그리고 이것은 우리 사회—심지어 교회 안—에 존재하고 있는 수많은 사람들—그들을 이끌고 갈 긍휼과 섬김의 사람을 필요로 하는 사람들—에 대한 서술이다.

9. **하나님이 그러한 목자들을 대적하실 것이다**(10절). 하나님께서 당신을

대적하시는 것보다 더 끔찍한 일을 생각할 수 있는가? 이 말은 "만일 하나님이 우리를 위하시면 누가 우리를 대적하리요"(롬 8:31)라는 사도 바울의 선언과 극명한 대조를 이룬다.

이 문제를 터놓고 말하자면, 이 목자들은 배신자가 되어 버렸다. 목자들이 그들의 편을 바꾸었다. 목자들은 이제 더 이상 하나님의 편에 있지 않으며 자기 자신의 일을 하고 자기 길로 감으로써 죄의 편으로 옮겨갔다. 하나님은 이편에 계시고 그들은 저편에 있었다.

10. **하나님은 그런 목자들에게 그 양들에 대한 책임을 물으실 것이다**(10절). "책임성"은 우리가 사는 이 세상에서 인기 없는 단어이다. 그러나 하나님의 나라에서 지도자가 될 그 누구에게나 하나님은 책임을 물으신다. 앞서 보았듯이 이것이, 가르치는 자들은 보다 높은 엄격한 기준으로 심판받을 것이라는, 야고보의 주장이 의미했던 바이다(약 3:1).

예수님의 달란트 비유에서 이 사실을 확인할 수 있다. 예수님은 달란트 비유를 마무리하시면서 이 진리를 이렇게 표현하셨다. "무릇 많이 받은 자에게는 많이 찾을 것이요 많이 맡은 자에게는 많이 달라 할 것이니라"(눅 12:48). 하나님은, 섬김의 지도자들인 우리에게 책임지는 태도를 요구하신다. 우리는 하나님께서 우리에게 주신 것—지도자라는 이 명예로운 역할까지 포함하여—으로 무엇을 했는지를 반드시 설명해야 한다.

바울은 고린도 교회 성도들에게 이 진리를 분명히 가르쳤다. "사람이 마땅히 우리를 그리스도의 일꾼이요 하나님의 비밀을 맡은 자로 여길찌어다 그리고 맡은 자들에게 구할 것은 충성이니라"(고전 4:1-2). **섬기는 지도자들**

에게 책임을 물으실 분은 궁극적으로 하나님이시다. 우리가 어떻게 하나님의 백성들을 이끌고 돌보았는지에 대해 하나님께서 우리에게 책임을 물으실 것이다.

11. "목자들이 양을 먹이지 못할 뿐 아니라"(10절). 마지막으로 하나님은 그런 악한 목자들에게서 양떼 돌보는 일을 거두시겠다고 말씀하셨다. 우리는 여기서 우리가 돌보는 사람들이 하나님의 양떼이며, 하나님이 양떼의 주인이라는 원론적인 사실을 다시 한 번 기억하게 된다. 만일 하나님의 백성들을 제대로 돌보지 못한다면 하나님께서 우리를 리더의 자리에서 옮기실 것이다.

이것은 두려운 말이다. 많은 사람들이 "하나님이 어떻게 그의 리더들을 양떼 돌보는 일에서 해임시키는가?"라고 말하곤 한다. 그것은 하나님의 일이다. 하나님은 그분이 원하시는 대로 행하신다. 우리 두 사람(테드와 폴) 모두 지금까지 살아오면서 하나님께서 그 분의 엄위한 행사로, 맡은 책임을 태만히 하거나 양들을 학대한 리더들을 그 자리에서 해임시키는 것을 보아 왔다. 어떤 때는 교구 감독이 한 목회자를 그가 맡고 있던 사역에서 해임시키는 것을 보았다. 또 크리스천 중역이 그 직위를 잃어버리거나 기독교인 아버지가 자신의 가정을 잃어버리는 것을 보았다. 우리는 궁극적인 해임, 즉 사망도 보았다.

궁극적인 처벌이라는 말에 대해 이의를 제기할 사람이 많을지 모르겠지만, 하나님은 하나님이시다! 하나님은 자신의 양들을 돌보신다. 하나님은 자신의 양들을 구원하시고 보살피시기로 약속하셨다(10-11). 우리의 실패나 반대와는 상관없이 하나님은 그 일을 하실 것이다. 하나님은 자신의 양들을 돌보시는 선한 목자시다.

경주를 계속하라

예수님께서 이 땅에서 사역하실 때, 사역이 정점을 달릴 때에는 행복한 사람들의 무리가 예수님을 따라다녔다. 그러나 예수님이 권세가들에게 미움을 받고 체포되었을 때에는 모두 예수님을 버렸다. 사도 바울은 오늘날 섬기는 지도자들에게 이렇게 경고한다. "우리가 선을 행하되 낙심하지 말찌니 피곤하지 아니하면 때가 이르매 거두리라"(갈 6:9).

스포츠 영웅들은 승리의 심리학을 알고 있다. 텍사스 카우보이팀(Texas Cowboys)의 코치이며 풋볼계의 최다 우승 코치인 탐 랜드리(Tom Landry)는 이렇게 말한 바 있다. "챔피언은 포기하고 싶을 때 포기하지 않은 사람이다."

그리고 사도 바울은 크리스천의 경주를 스포츠 경기에 비유했다. 그는 빌립보서 3장 13-14절에서 이렇게 쓰고 있다. "오직 한 일 즉 뒤에 있는 것은 잊어버리고 앞에 있는 것을 잡으려고 푯대를 향하여 그리스도 예수 안에서 하나님이 위에서 부르신 부름의 상을 위하여 좇아가노라."

우리 주님은 대가를 치르심으로써 그 분의 목표에 도달하셨으며-주님은 비길데 없는 자신의 나라를 세우심으로써 그 분의 목표에 도달하셨다-세상 나라들처럼 강제나 강요, 왕의 홀이나 칼, 압도하는 권위나 점령의 권세에 의지하지 않으셨다. 주님은 자신의 생명을 버림으로써 그 분의 뜻을 이루셨다. 주님의 온유하심이 악의 권세를 이기고 영원히 서 있을 그 나라를 세우게 되리라고 누가 상상이나 할 수 있었겠는가? 주님은 "나는 선한 목자라 선한 목자는 양들을 위하여 목숨을 버리거니와… 이[내 목숨]를 내게서 빼앗는 자가 있는 것이 아니라 내가 스스로 버리노라."(요 10:11, 18)고 말씀하셨다.

그리스도는 섬기는 지도자로서 가장 극악한 죄수처럼 십자가에서 죽으시기까지 자신을 낮추셨다. 그리고 그것 때문에 "하나님이 그를 지극히 높여 모든 이름 위에 뛰어난 이름을 주사 하늘에 있는 자들과 땅에 있는 자들과 땅 아래 있는 자들로 모든 무릎을 예수의 이름에 꿇게 하시고 모든 입으로 예수 그리스도를 주라 시인하여 하나님 아버지께 영광을 돌리게 하셨다"(빌 2:9-11).

7장
긍휼의 지도자와 그 추종자들
COMPASSIONATE LEADERS AND FOLLOWERS

긍휼의 지도자와 그 추종자들

긍휼함이 있는 섬기는 지도자

만일 우리가, 긍휼함이 있는 섬기는 지도자로서 우리 주님께 복종하고자 한다면 우리는 반드시 그 분의 몸 되신 교회에 적극적으로 참여해야 한다. 그리고 이 일은 그리스도의 종이 되는 것과 서로의 종이 되는 일을 요한다.

믿는 자들 중에는 지도자로 부르심을 입은 사람들도 있지만 모든 믿는 자들은 또한 따르는 자로도 부름받았다. 사실, 우리 대부분이 지도자이면서 또 따르는 자로 부름받았다. 그러나 대부분의 사람들이 따르는 자가 되기는 원치 않는다. 우리 중 많은 이들이 지도자가 되기를 원하는 듯하다. 우리는 주장하기를 좋아한다. 타고 있는 배의 선장의 되기를, 우리 운명의 주인이 되기를 소원한다.

우리 주님은 우리에게 본능을 따르라고 가르치시는가? 주님은 반드시 우리 자신을 부인하고 우리 십자가를 지고 주님을 따라야 한다고 말씀하신다(막 8:34). 우리는 우리의 욕구를 만족시키기 좋아하지만 하나님은 우리의 몸을 쳐 복종하게 하고 하나님을 섬기라고 말씀하신다(고전 9:27).

우리 자신이 유능한 섬기는 지도자인지를 검증하는 좋은 방법 중의 하나가 기꺼이 섬기는 추종자가 될 수 있겠는가를 생각해 보는 것이다. 우리는 먼저 예수 그리스도를 주님으로 따르며, 그 다음에는 하나님께서 우리에게 인간 지도자로 세워 주신 사람을 따른다.

하나님의 말씀은 우리가 어떻게 하면 좋은 추종자가 되는가에 대해 말씀하신다. 예를 들면, 고린도 교회에 보내는 첫 번째 편지의 결언 부분에서 바울은 아가야의 첫 열매인 스데바나의 집을 거론했다. 그는 그 교회의 지도자들을 "성도들을 섬기기로 작정한" 사람들로 묘사했다(16:15). 다른 말로 하면, 바울은 스데바나의 집이 단지 소극적으로 성도들을 섬긴 것이 아니라 적극적으로 섬겼으며, 섬기는 지도자가 무엇인지를 생생하게 보여 주는 모범이었음을 말하고 있다.

사도 바울은 고린도 교회 성도들을 향하여 지도자들과, 함께 일하며 수고하는 자들에게 복종하라고 가르쳤다(고전 16:16 참고). 그리고 바울은 계속해서 필수품을 가지고 자신을 찾아 온 스데바나와 브드나도와 아가이고에 대해 이야기했다. 이들의 방문은 바울을 크게 격려하였으며 그의 마음을 시원케 해 주었다. 바울은 "너희는 이런 자를 알아 주라."(고전 16:18)는 말로 이들에 대한 이야기를 마무리한다. 바울은 여기서, 하나님께 부름받고 성령의 인친 바 된 교회 안의 섬기는 지도자들을 마땅히 인정해 주어야 함을 분명히 하는 듯하다. 우리는 그들의 권위를 인정하고 받아들여야 한다.

히브리서의 저자는 "하나님의 말씀을 너희에게 이르고 너희를 인도하던 자들을 생각하며 저희 행실의 종말을 주의하여 보고 저희 믿음을 본받으라."(13:7)고 썼다. 특별히 따르는 자들을 향한 이 가르침은 리더의 관점에서 쓰인 바울의 가르침과 유사하다. "내가 그리스도를 본받는 자 된 것같이 너희는 나를 본받는 자 되라"(고전 11:1).

리더십의 원칙

히브리서의 저자는 독자들을 향해 이렇게 요청했다. "너희를 인도하는 자들에게 순종하고 복종하라 그들은 너희 영혼을 위하여 경성하기를 자신들이 청산할 자인 것같이 하느니라 그들로 하여금 즐거움으로 이것을 하게 하지 하고 근심으로 하게 말라 그렇지 않으면 너희에게 유익이 없느니라"(히 13:17). 이 말씀에서 우리는 하나님의 나라에서의 인도함과 따라감에 대하여 중요한 원칙 몇 가지를 알 수 있다.

"너희를 인도하는 자들에게 순종하고." 첫째, 이 말씀은 순종이야말로 기독교 제자도의 열쇠임을 분명히 말하고 있다. 헌신된 크리스천이라면 우리가 하는 모든 일에서 하나님께 순종해야 마땅하다는 사실을 부인할 사람은 별로 없을 것이다. 예수님은 "사람이 나를 사랑하면 내 말을 지키리니 내 아버지께서 저를 사랑하실 것이요 우리가 저에게 와서 거처를 저와 함께하리라 나를 사랑하지 아니하는 자는 내 말을 지키지 아니하나니 너희의 듣는 말은 내 말이 아니요 나를 보내신 아버지의 말씀이니라."(요 14:23-24)고 말씀하셨다. 그러므로 우리가 그리스도께 복종할 때 그리스도와 하나님 아버지께서 우리 안에 성령으로 활발히 내주하신다. 예수님께서 말씀하시기를, "그러나 너희는 저를 아나니 저는 너희와 함께 거하심이요 또 너희 속에 계시겠음이라."고 하셨다(17절).

하나님께 대한 순종은, 우리 삶 가운데서 성령의 임재와 능력의 역사를 일으킨다. 앞에서 보았듯이 성령과 함께 성령의 열매가 따라온다—성령의 열매에는 "사랑과 희락과 화평과 오래 참음과 자비와 양선과 충성과 온유와 절제"가 포함된다(갈 5:22-23). 이 모든 것들이 순종하는 삶의 놀라운 부가 급부들이다.

그러나 우리가 순종해야 하는 데는 또 다른 중요한 이유들이 있다. 우리는 그리스도께 순종함으로써 그분을 향한 우리의 사랑을 증명한다. 단지 그리스도를 사랑한다고 말하는 것만으로는, 혹은 그분을 향한 우리의 사랑을 표현하는 아름다운 찬양을 부르는 것만으로는 충분하지 않다. 그리스도를 향한 우리들의 사랑의 증거는 그분의 말씀에 대한 순종이다.

그리고 순종의 삶은 하나님께서 우리 삶 속에 허락하신 지도자들에게로 또한 확대된다. 하나님은 그리스도에 대한 순종의 삶을 우리에게 가르치는 그 지도자들에게 마땅히 복종해야 한다고 말씀하신다. 그것은 맹목적인 순종의 문제가 아니라 그들을 주님의 나라에서 우리의 인도자로 부르신 주님께 순종하는 문제이다.

"그들의 권위에 복종하라." 순종은 우리 모두에게 큰 도전이다. 그러나 하나님의 말씀은 한 걸음 더 나아가 이 섬기는 지도자들의 권위에 복종하라고 명령한다. 우리 사회에서는 사람들의 거부감을 우려하여 이 말을 "순종"이라는 말로 부드럽게 바꾸었다. 복종하기를 좋아하는 사람은 아무도 없다! 그리고 권위를 좋아하는 사람도 별로 없다.

그러나 하나님은 우리의 지도자에게 복종하라고 가르치신다. 이것은 에베소서 5:21에 있는 "서로 순복"하는 그 이상의 것이다. 이 리더들에게 권위를 주신 분이 하나님이시기 때문에 이 복종은 정말 확실한 것이다.

"저희는 너희 영혼을 위하여 경성하라." 긍휼과 섬김의 지도자가 하는 일들 중에는 자신에게 맡겨진 자들을 지키는 것도 있다. 선한 목자가 자신의 양 무리를 지키듯이 섬기는 지도자는 하나님의 백성들을 지킨다.

우리 중 어떤 이들에게는 이 말이 위로와 격려가 된다. 우리가 하나님의 부 목자로서 사람들을 돌보고 있음을 아는 것은 놀라운 일이다. 아프거나 외로울 때, 혹은 필요에 직면할 때 사람들은 우리의 돌봄을 확신하며 우리를 의지할 수 있다. 하나님의 백성은 언제든 우리에게 도움을 청할 수 있다.

우리는, 예수님의 진정한 제자가 되려면 반드시 우리 자신을 부인하고, 우리 십자가를 지고, 그분을 따라야 한다고 들었다(막 8:34). 물론, 이것은 엄청난 헌신과 순종을 요구한다. 그리고 주님께 순종하려면 반드시 그 분의 몸 된 교회에 적극적으로 참여해야 한다. 이 일은 그리스도의 종 됨과 서로의 종 됨을 요구한다. 우리들 각자가 가진 영적 은사를 사용하여 서로를 섬기며 그리스도의 모습으로 성숙해 가도록 서로를 세워 주어야 한다.

"자기가 청산할 자인 것같이 하느니라." 앞서 언급한 바와 같이 하나님의 가족으로 부름받은 우리에게는 책임이 있다. 따르는 자들은 그 섬기는 지도자에게 순종하고 권위에 복종해야 할 분명한 책임이 있는 것과 마찬가지로, 섬기는 지도자들은 그들에게 맡겨진 사람들을 돌보는 일에 대해 하나님 앞에서 책임을 가지고 있다. 섬기는 지도자가 되는 것은 멋진 특권이면서 동시에 두려운 책임이다.

이 가르침은 달란트 비유를 생각나게 한다(마 25:14-30). 예수님이 들려주신 이 비유에서 어느 주인이 그의 종들을 불러 한 종에게는 한 달란트를, 다른 종에게는 두 달란트를, 또 다른 종에게는 다섯 달란트를 맡겼다. 이 주인은 자신의 종들이 맡겨진 달란트를 지혜롭게 투자할 것이라 기대했다. 그러나 여행에서 돌아왔을 때 그가 발견한 것은 서로 다른 반응들이었다. 두 달란트를 맡은 종은 투자한 돈의 두 배를 거둬 네 달란트를 가져와 주인에게 기쁨을 주었다. 다섯 달란트를 받은 종 역시 투자한 돈의 두 배를 가져왔다. 이를 기뻐한 주인은 두 종에게 "잘하였도다 착하고 충성된 종아 네가 작은 일에 충성하였으매 내가 많은 것으로 네게 맡기리니 네 주인의 즐거움에 참예할찌어다"(21, 23절)라고 칭찬했다.

그런데 마지막 종은 주인에게 받은 달란트를 투자하지 않고 그것을 땅 속에 묻어 버렸다. 주인은 뭐라고 했는가? "그에게서 그 한 달란트를 빼앗아 열 달란트 가진 자에게 주어라… 이 무익한 종을 바깥 어두운 데로 내어 쫓으라 거기서 슬피 울며 이를 갊이 있으리라"(28, 30절).

이 비유의 진리는 히브리서의 가르침과 깊은 연관을 가지고 있다. 언젠가는 모든 섬김의 지도자들이 자신의 주인 앞에 나아가, 자신에게 맡겨진 사람들의 삶을 어떻게 지켰는가에 대해 설명해야 할 날이 온다. 섬김의 지도자들은 하나님 앞에서 회계(청산)해야 한다.

"[저희]로 하여금 즐거움으로 이것을 하게 하고." 히브리서 기자는, 따르는 자들을 향하여 인도자들이 "그 일을 즐거움으로 하도록" 지도자들에게 순종할 것을 다시 한 번 부탁한다. 참으로 실제적이고 유쾌한 가르침이다.

아기를 돌보는 사람들은 사랑스러운 아이를 돌볼 때도 있고 제멋대로 하고, 말대꾸하고, 골칫거리가 되는 아이를 돌볼 때도 있다. 첫 번째 유형의 아이는 순전한 기쁨이 된다. 그러나 두 번째 유형의 아이는 짜증스럽다. 그런 아이들은 모든 사람의 삶을 괴롭게 한다. 순종과 불순종은 아기를 돌보는 사람의 삶에-그리고 섬기는 지도자의 삶에—큰 차이를 가져온다.

"그렇지 않으면 너희에게 유익이 없느니라." 따르는 자가 인도자에게 짐이 될 때, 모두가 패자가 된다. 누구도 승자가 되지 못한다. 히브리서의 기자는 이 사실을 이렇게 말한다. "그들에게 순종하여 그들의 일이 짐이 아니라 즐거움이 되게 하라. 그렇지 않으면 너희에게 유익이 없느니라"(17절). 하나님의 백성들은 자신이 섬기는 지도자에게 순종하고, 지도자는 따르는 자들을 사랑하고 지키고 세우는 일에 헌신할 때, 거기에는 기쁨과 축복의 분위기가 조성된다.

하나님께 인정받기

우리는 지도자로서 종종 사람들—특히 우리의 리더십을 따르는 사람들—로부터 인정받고 싶은 유혹을 느낀다. 부모들도 끊임없이 이 유혹과 싸워야 하며 목회자와 교사, 기독실업가들 역시 그러하다. 바울은 갈라디아 성도들과의 관계에서 이 문제에 직면하였다. "이제 내가 사람들에게 좋게 하랴 하나님께 좋게 하랴 사람들에게 기쁨을 구하랴 내가 지금까지 사람의 기쁨을 구하는 것이었더면 그리스도의 종이 아니니라"(갈 1:10).

사도 바울은 문제가 있을 때, 문제를 파고 들어가 그 핵심을 드러내는 탁월한 능력을 소유한 사람이었다. 당시 갈라디아 교회 성도들은 거짓 교사들에게 미혹되고 있었다. 갈라디아 교회 성도들에게 영향을 미치고 있던 그 인도자들은 예수 그리스도께로부터 난 섬김의 지도자들이 아니었다. 그들은 자기들의 속셈을 가지고 있었다. 그들의 관심은 자신들의 나라를 세우는 데 있었다. 바울은 갈라디아 교회 성도들에게 하나님께로 그리고 진리로 돌아갈 것을 촉구했다. 그는 갈라디아 교회 교인들에게 긍휼을 베푸는 지도자로서의 자신의 책임을 감당했다. 그는 성도들을 사랑했다. 그 교회를 세웠으며 그 교회 안에 있는 대부분의 사람들을 그리스도를 믿는 믿음으로 인도하였다. 그리고 이제는 성도들이 거짓 교사에 의해 미혹되는 것을 막고자 하였다.

바울은 매우 직접적으로 이 문제를 언급하며 말로 그들을 훈계함으로써 섬김의 지도자라는 자신의 자격을 재차 확립하였다. 첫째, 그는 진리를 타협함으로써 사람들의 인정을 구하려고 하지 않음을 보여 주었다. 대신, 그는 하나님의 인정을 받는 일에 관심이 있었다.

둘째, 바울은 자신이 사람을 기쁘게 하는 일에 관심이 없다고 주장했다. 바울은 만일 사람을 기쁘게 하는 것이 목적이라면 그 자신이 예수 그리스도의 종일 수 없음을 성도들에게 재차 상기시켜 주었다. 바울의 지적은 중요한 것이다—만일 사람을 기쁘게 하려고 하거나 사람의 인정을 구한다면 우리는 예수 그리스도의 진실한 종이 될 수 없다.

우리 모두 두 주인을 섬길 수 없다는 예수님의 근본적인 가르침으로 돌아가야 한다(마 6:24).

자신을 따르는 사람들을 사랑하고 그들이 예수 그리스도를 따르도록 격려하고 세워 줌으로써 그들의 영적 성숙을 돕는 것이, 섬기는 지도자들이 추구하는 궁극적 목적이다. 바울이 갈라디아 교회 성도들을 위하여 하고자 했던 것도 바로 이것이다. 바울은 갈라디아 교회 성도들에게 줄 수 있는 최고의 선물이 그들에게 진리를 가르치는 것—책임감을 가르치는 것이라는 것을 알았다 바울이 보여줄 수 있는 최고의 사랑은 그들이 잘못된 길로 가고 있음을 말해 주고 예수께로 돌아오도록 권고하는 일이었을 것이다. 바울에게 있어서 가장 중요한 신분은 자신이 예수 그리스도의 종이라는 것이었다. 그 어떤 사람을 위해서도 혹은 그 어떤 것을 위해서도—심지어 갈라디아 교회 성도들로부터 인정받을 수 있는 길이라 해도-바울은 이것을 포기할 의사가 전혀 없었다.

이 얼마나 귀한 교훈인가. 우리의 삶에서 가장 고귀한 소명과 가장 위대한 업적은 예수 그리스도의 종이 되는 일이다. 바울은 대부분의 서신서에서 자신을 예수 그리스도의 종으로 소개했다. 베드로와 야고보도 그러했다. 우리 역시 그러해야 한다.

8장
긍휼의 지도자의 새로운 세대

A NEW GENERATION OF COMPASSIONATE LEADERS

긍휼의 지도자의 새로운 세대

새로운 시대

하늘에 계신 우리의 아버지는 누구에게도 그의 가족의 일원이 되라고 결코 강제하시지 않는다. 그는 또 봉사에 참여하도록 누구를 압박하시지 않고, 억지로 어떤 제자로 하여금 자비를 실천해야 하는 섬기는 지도자가 되도록 하지 않으신다. 부유하고 젊은 관원을 그의 왕국에 들어오도록 초청하셨을 때, 하나님께서는 그에게 초청을 받아들이거나 거절할 수 있는 기회를 주셨다.

불행하게도 그 젊은이는 자신의 재물을 도저히 포기할 수 없을 정도로 사랑했다. 그는 자신의 재물의 하인 내지는 노예였다. 그가 예수님의 초청을 거절하고 구세주로부터 떠나갔을 때, 그의 생애는 우리가 두 주인을 섬길 수 없다는 가르침을 웅변적으로 보여 주었다(막 10:17-23).

오늘날 어떤 헌신된 신자들은 모든 것을 원한다. 그들은 많은 교회에서 틀에 박힌 사고방식과 희석되어 선명하지 못한 설교에 싫증이 나 있다. 미시간 주 그랜드 래피즈(Grand Rapids)에 있는 액톤 종교와 자유 연구소(Acton Institute for the Study of Religion and Liberty)의 연구원 앤서니 브래들리(Anthony B. Bradley)는 이 새로운 세대의 복음주의자들이 그리스도의 새로운 추종자 집단을 선도하고 있는 중이라고 말한다.[1] 그들은 자기들의 모임을 "의심의 밤(Doubt Night)"이라고 부르며, 거기서는 어떤 질문도 논쟁하기에 부적절하거나 너무 어려운 것으로 여기지 않는다.[2]

벨과, 같은 세대의 다른 젊은 목사들의 등장은 "복음전도 역사의 새로운 세대"를 나타낸다고 〈젊은 복음 전도자들: 새로운 세계의 도전에 직면하여〉의 저자인 로버트 웨버(Robert Webber)는 말한다. 휘튼 대학의 교수였던 웨버는, 1950~1970년대 사이의 "전통적인" 복음주의자들과 프로그램에 기초한 1975~2000년 사이의 복음주의자들, 그리고 2000년경에 시작된 새로운 세대의 더 젊은 복음주의자들을 구별한다. 이 새로운 지도자들은 자신들이 상실의 세대와 연관이 있다고 본다. 즉 이 새로운 교회들에 모여드는 많은 젊은이들은, 전반적으로 그들이 느끼는 베이비붐 세대인 부모들의 실패와 약점들에 반항한다.

웨버의 관찰에 따르면, 베이비붐 세대들과 함께 범죄의 증가, 도심 거주

---

[1] 앤서니 브래들리, "젊은 복음 전도자들: 새로운 세계의 도전에 직면하여(The Young Evangelicals: Facing the Challenges of the New World" (Grand Rapids, MI: Baker Books, 2002), n.p.
[2] 이 장의 나머지 부분들은 〈월드 매거진(World Magzine)〉 2004년 4월호에 실린 앤서니 브래들리의 "Keeping It Real: Younger Pastors Seek Innovative Church Settings"에서 발췌한 것이다. 허락을 받아 전재하였다.

화, 사회기관들의 붕괴, 결혼의 감소, 이혼의 증가, 혼외 자녀의 출산, 가치의 붕괴, 제도에 대한 의심, 개인주의의 강화, 권위의 소멸, 그리고 우리가 아는 것처럼 전반적인 현대사회의 몰락이 왔다. 베이비붐 세대의 불행은 X세대와 1982년 이후에 태어난 새천년 세대들의 찢기고 상처받은 마음이라는 부수적인 피해들을 가져왔다.

이들은 부모 없이 MTV(뮤직 비디오 방송)나 HBO(영화 채널)와 같은 대중매체에 의해 자라난 첫 번째 세대이다. 네브래스카 주 오마하의 이튼 버마이스터(Ethan Burmeister · 31세) 목사는 이렇게 설명한다. "우리는 세상 물정에 밝고 유물론에 젖었으며 권위를 싫어하고, 미디어를 신봉하는 세대이다."

워싱턴 주 마운트 버논에 있는 더 게더링(The Gathering)의 론 휠러(Ron Wheeler · 27세) 목사는 "X세대와 새천년 세대는 그들의 부모세대들이 축적한 부의 수령자들이다. 호사스러움을 누리고 역기능적인 가정환경에서 자란 젊은 세대들은 진정한 친밀함과 안정감의 대치물인 물질을 얻기 위해 부모들의 죄의식을 어떻게 이용해야 하는지를 배우게 되었다. 궁극적으로 우리는, 가장 버릇 없는 애들같이, 아무것도 진정으로 느끼지 못하고 방향과 목적 부재로 인해 고통받는다는 사실을 싫어하는 쾌락주의자들이다." 라고 말한다.

새로운 접근

젊은 복음주의자들은 새로운 사역 방법이 필요하다고 느낀다. "실용주의적 복음주의 교회들은 대상 집단과 그들이 느끼는 필요에 근거한 프로그램들을 개발한다"고 워싱턴 주 시애틀의 교회 개척자 빌 클렘(Bill Clem · 48세)은 말한다. "이것은 교회가 프로그램을 중시하는 경향에 좌우되고 있다는 것과 비참하게 새 유행을 좇아야만 하는 절실함이 있다는 것을 의미한다."

이들 목회자들은 현재 상업주의와 소비주의가 복음주의를 지배하고 있다는 사실을 한탄한다. 월마트(Wall-Mart)나 타깃(Target) 등과 유사하게 교회들이 일정 사람들을 목표로 삼고 집중적인 판촉을 하는 것이 일반적이라고 그들은 말한다. "우리는 영적인 상품과 서비스를 대신 팔 뿐이지요."라고 게더링의 휠러 목사는 말한다.

젊은 복음주의자들의 온라인 토의 집단인 "차세대 물결(Next-Wave)"에 기고하는 마흔 살의 에릭 스탠포드(Eric Stanford)의 관찰에 따르면, 베이비붐 세대의 교회들은 고도로 조직화한 프로그램들에 심하게 의지하는 경향이 있지만, X세대가 이끄는 교회들은 인간관계에 더욱 더 많은 역점을 둔다고 한다. 베이비붐 세대 교회들이 전문화된 교회 사역에 있어서의 '탁월함'을 강조하는 반면, X세대 교회들은 '실제성'을 강조한다.

웨버가 지적하듯이 젊은 복음주의 지도자들은 그들의 영역을 특정한 연령층에 국한시키지 않는다. "젊은 복음주의자들은 그들의 부모나 조부모 주변에 있기를 원하며, 그들끼리 분리되어 있기를 싫어하는 것은, 교회를 개척할 때는 대상 집단을 정하라는 교회성장운동의 충고와는 상반된다."

베이비붐 세대들과 X세대는 같은 말들을 다르게 사용하기도 한다. '공동체'라는 말을 베이비붐 세대들은 소그룹 사역과 같은 프로그램을 종종 생각하는데, 이것은 두 시간 이내의 모임을 위해 무작위로 모인, 서로 잘 모르는 열 명 내외의 집단을 의미할 수 있다.

그러나 젊은 복음주의자들에게 있어서 '공동체' 란 낱말은 더 깊은 관계를 위한 필요를 연상시킨다. 많은 사람들은 교회에서 사람들을 무작위로 모아놓고서는 정직함과 솔직함을 기대할 수 없다고 말한다. 소그룹은 마치 "가족"같이 함께 시간을 보내는 사람들 간의 관계로부터 파생되는 유기체이다. "우리는 결핍을 채우고 있고, 교회는 가족이 없는 사람들에게 가족이 될 기회를 가지고 있다"고 버마이스터는 말한다.

새로운 형식의 예배

많은 젊은 복음주의자들의 예배양식 또한 전문화된 성가대와 악기사용을 강조하는 일부 교회의 쇼 같은 형식과는 다르다. 마르스 힐(Mars Hill)의 예배 인도자인 아론 니퀴스트(Aron Niequist · 27세)는, 사람들이 갈망하는 것은 솔직함이라고 말한다. 사람들은 "하나님께 찬양 드리기 위해 내가 어떻게 하면 진정 깨어질 수 있으며 또한 완전히 깨끗해지지 않아도 되는지" 알고 싶어 한다.

이것은 어떤 옛날 찬송들을 부르는 것도 포함할 수 있다. 시애틀 독사(Doxa)에서는 전통적인 찬송들이 X세대를 위해 약간 고쳐지기는 했지만 아직 사용되고 있다. 강림절은 고대 교회와 회중들을 자극하는 중대 사건이었다고 클렘은 말한다. 지난해 강림절에 독사에서는 "구약, 복음서, 그리고 서신서에 대한 전통적 성경 봉독과 찬송가와 캐롤 찬양, 그리고 강림절 촛불 켜기가 있었고, 성찬식도 베풀어졌다."

가장 중요시되는 것은 실제 삶의 상황에 적용되는 성경의 가르침이다.

이들 교회에 있어서 X세대들에 대한 설교와 가르침은 듣는 사람들에게 민감하거나 감성에 호소하는 것과는 거리가 멀다. "우리는 자부심에 대한 메시지가 파탄 상태에 이르렀다는 것을 알고 있다"고 오리건 주 포틀랜드의 홍해 교회(Red Sea Church) 샨 가먼(Shaun Garman · 34세) 목사는 말한다. "우리는 우리가 우주의 중심이 아니라는 것을 알고 있다." 그는 사람들이 듣기에 좋은 메시지를 찾기보다는 가장 진실한 메시지—그들이 얼마나 잘못되어 있고 하나님이 얼마나 위대하신지—를 말해 주는 누군가를 갈망한다.

소생을 위한 장소에 대한 갈망은 이 세대를 위한 새로운 사역 방식에 대한 요청을 나타낸다. 스티브 마이어(Steve Mayer)는 어느 작은 복음적 교회에서 전도사를 지내게 되었다. 그는 "오직 전도"에 대한 그의 열심 때문에, 알래스카 원주민들에게 복음을 전하기 위한 선교단을 꾸렸다. 이 여행은 그의 사역에 대한 열정을 영원히 바꾸어 놓았다.

그는 아메리카 원주민 사이에서 알코올 중독, 자살, 우울증, 절망, 가난, 그리고 깨어진 가정을 보았다. 마이어는 이러한 상황에 대해서 자신이 아무런 해결책을 가지고 있지 않다는 것을 깨달았다. 그는 계획적인 복음전도 방법을 가지고 있었지만 그의 눈앞에 펼쳐진 상황들을 다루는 데는 거의 도움이 되지 않았다. VBS(여름성경학교)나 다른 전도 프로그램들과 같은 것을 가지고 "우리는 가서 일주일 만에 그들의 삶을 바꿔 놓을 수 있을 것이라 생각했다"고 마이어는 말한다.

그는 그 프로그램의 모든 규칙을 깨버렸다. 그는 거리에서 때로는 혼자, 또 때로는 동료와 같이 사람들과 얘기하느라 밤늦게까지 밖에 머물렀다. 그는 미리 포장된 기독교를 팔고 있다는 느낌으로부터 도망칠 수 없었고, 그래서 주저했다. 그가 교육받은 프로그램화된 기독교는 그가 만난 원주민들의 깨어진 마음을 어루만질 수 없었다.

도움을 구하기 위해 마이어는 마틴 루터 킹의 글을 다시 읽었다. 킹으로부터 마이어는 기독교가 영혼들과 그 영혼들이 살고 있는 빈민촌을 위해 열정을 가져야 한다는 것을 배우게 되었다. 영혼들과 그 영혼들이 움직이는 실제 상황에 대한 보살핌은 마이어에게 있어 진정한 복음전도 방법이 되었다. 그러면 어디에서 그가 그것을 할 수 있었을까?

그는 신학교 교수로부터 프로그램에 기반을 둔 많은 교회들이 사회적 문제들에 대한 자신의 열정을 뒷받침해 주지 못할 것이라는 말을 듣게 되었다. 그는 마르스 힐을 위해 "오직 전도"의 세계를 벗어났고, 비로소 그는 사람들이 영혼과 삶의 상황에 관심을 갖는 장소를 발견했다고 말한다. "만약 당신이 예수님을 따른다는 것을 프로그램으로 이행한다면, 예수님 따르기를 놓치고 있는 것이다."라고 마이어는 말한다.

마르스 힐의 새로 등장한 지도자로서 마이어는 최근 세계선교사무국(Global Outreach office)의 시간제 근무직을 수락하였다. 교회사역과 아울러 마이어는 사회정의 문제를 연구하는 청년들의 모임과 "진정성만이 요구조건(authenticity is simply a requirement)"인 남자들의 모임을 이끌고 있다. 사람들과 그들의 다양한 환경에 대한 열정으로 마침내, 이 문제에 대해 프로그램식으로 생각해서는 안 된다는 것을 깨닫게 되었다.

이 운동이 어디로 향할지에 대해 광범위한 일반화를 시도하는 것은 너무 이를 수도 있지만, 이렇게 묻는 것은 옳을 수 있다. 즉 이런 X세대 지도자들의 관심은 단지 하나의 반작용일 뿐인가? 다시 말하자면, 20년 안에 이 젊은 복음주의자들의 자녀들이 성인이 되어 또 다른 "새로운" 운동을 시작하려고 나설 때, 그들이 부모들의 노력을 치유 능력으로 간주할 것인가? 아니면 애통해야 할 새로운 단절이 그곳에 있을 것인가?

9장
리더가 되는 훈련
LEARNING TO LEAD

리더가 되는 훈련

최상의 지도자는 인도함을 받는 자이다

다른 이들을 인도하는 사람들은 그들을 섬기는 사람들이다. 하지만 지도자들이 자신들의 추종자들을 어떻게 가장 잘 섬기는지를 알 수 있을까?

첫째, 긍휼심이 있는 지도자들은 그들이 어디로 가는지, 무엇 때문에 가는지, 어떻게 그곳에 가고 있는지를 알아야만 한다. 둘째, 그들은 누구를 따를 것인지를 결정해야만 한다. 밥 딜런의 노래 가사를 약간 바꾸어서 말한다면, "당신은 누군가를 따라야 한다." 왕 중의 왕이신 우리 주 예수 그리스도께서는 성부 하나님을 섬기셨다. "나는 스스로 아무것도 할 수 없노라"고 예수님은 말씀하셨고(요 5:30), 성부 하나님조차도 하나님의 다른 두

위와 독립적으로는 무엇을 하지 않으신다. 비록 그가 삼위일체의 원천이시기는 하지만, 성부께서도 성자 하나님 그리고 성령 하나님과 항상 함께 작용하신다.

인간인 우리는 그분의 교회 안에서 그리스도를 따르든지 아니면 마귀와 그의 졸개들을 따른다. 우리 중 어느 누구도 홀로 활동하지 않는다. 단순히 화창한 월요일 오전 8시에 나타나서 "자 여러분 갑시다, 나를 따라 오시오." 라고 준비 없이 즉석에서 얘기할 수는 없다.

관리자는 종을 소유한 사람이 아니라, 진정한 의미에서 섬기는 자이다. 인도하기 위해서는 섬겨야만 한다. 그가 다른 사람들을 어떻게 섬기고 따라야 할지를 배우기 전까지는 유능한 지도자가 될 수 없는 것이다. 주 예수께서도 그러 하셨고, 베드로와 바울도 그러했다. 이것은 섬기는 모든 자들에게 진리인 것이다. 만약 그들이 인도한다면, 그들은 문자 그대로 섬기고 있는 것이다.

리더십은 시간을 요구한다. 그것은 또한 헌신을 요구한다. 만약 직장, 프로젝트, 교회, 기관이 명시된 목표를 향해 움직이고 있다면, 최고 지도자는 자신이 인도하는 사람들에 대한 섬김의 정도를 조절하면서 항상 앞에서 움직여 나가야만 한다.

바꾸어 말하자면, 이끄는 자는 또한 이끌림을 받는 자이다. 그는 이끌 수 있도록 또 적임자가 되기 위한 지식면에서 인도함을 받는다. 지도자는 추종자들의 앞에 있도록 인도받으며, 그는 앞장서서 가도록 또 앞에서 "나를 따르라"고 지속적으로 말할 수 있도록 인도함을 받는다.

사도 바울은 지도자였으며 또한 매우 열정적인 조직자였다. 로마서 서두에서 그는 자신을 삼인칭으로 언급한다. "예수 그리스도의 종 바울은"(롬 1:1). 그리고 그는 "내가 그리스도를 본받는 자가 된 것같이 너희는 나를 본받는 자가 되라(고린도전서 11:1)"고 말하면서, 또한 "내가 너희 가운데 거할 때에 약하고 두려워하고 심히 떨었노라(고린도전서 2:3)"라고 고백한다. "종"으로 번역된 그리스 단어 "둘로스(doulos)"는 문자적으로 노예를 의미한다. 베드로는 그의 두 번째 서신을 같은 서두로 시작한다. "예수 그리스도의 종(둘로스)이며……(벧후 1:1)."

이 위대한 인물들은 지도자들이며, 관리자들이며, 앞장선 사람들이었지만, 섬기는 자들이었다. 가장 위대한 지도자이자 섬기는 분이셨던 예수님은 그의 제자들에게 리더십에 대해 이렇게 말씀하셨다. "너희 중에……다스리고 인도하는 자는 섬기는 자가 [되어야] 하리라(눅 22:26)." '그런 까닭에 "섬기는 지도자"란 용어는 중요하다.

암암리에 예수님은 리더십의 정수가 섬김에 있다고 말씀하신다. 그것은 다른 방법으로는 있을 수 없는 것이다. 인도하는 것은 섬기는 것이다. 그리고 섬긴다는 것은 그가 이끌고 있는 사람들의 종이 되는 것이다. 남을 이끈다는 것은 일상적인 의무가 아니다.

사도 바울이 "나를 따르라", "내가 그리스도를 따른 것 같이(고전 11:1)"라고 말한 것처럼 하나님 앞에선 나 자신을 두고 극도의 경지에서 이 말을 할 수 있는 것이다. 내게 주어진 과제를 끝냈을 때, "부끄러울 것이 없는 일꾼(딤후 2:15)"으로 내 자신이 드러날 수 있을 때, 그때에야 비로소 섬기며 인도할 준비가 되어 있는 것이다.

여러분은 섬김이 얼마나 분명하고 실제적으로, 리더십의 영도력 있고 공적인 요인들을 결합시키는 데 이바지하는가를 이해하는가? 만약 지도자가 섬김 중심의 태도를 가진다면, 문제들은 최소화된다. 그러나 만약 지도자가 무리들 위에 권위 세우기만을 추구하면, 항상 말썽이 야기될 것이다.

불가피한 불편함

사람들을 섬기는 것이 항상 쉽거나 편하지는 않다. 우리는 우리가 원하는 일들이 있지만, 지도자로서 우리가 인도하는 사람들을 항상 섬겨야 할 책임이 있다.

복음서를 통해 자신의 길을 행하고, 예수께서 방해들을 다루신 방법에 대해 묵상하라. 당신도 같은 방식으로 행하는 것을 고려해 볼 수 있다. 예수께서 한 사람의 필요를 채워 주시고 있을 때, 또 다른 사람이 끼어 들어와 자신의 필요에 대해 말씀해 주시기를 요구하는 일이 종종 있었다. 모든 경우에 예수님은 치유를 멈추시고 필요한 어떤 것을 하시거나 위로하셨다. 그리고는 원래 하시던 일을 진행하셨다. 예수님은 결코 "내가 바쁜 게 안 보이느냐?" 하고 꾸짖지 않으셨다.

우리가 방해라고 여기는 것들이 사실은 종종 하나님께서 우리들의 판에 박힌 일을 깨시거나, 그게 아니었다면 결코 알 수 없었던 누군가의 필요를 위해 사역하도록 하시는 것이라는 것을 깨닫는 게 중요하다. 방해는 종종 기회가 된다!

예수님에게 있어서, 섬김은 또한 다루기가 항상 쉽지 않은 사람들에 대한 사역을 포함했다. 예수님의 경우 문둥병자들조차도 사역에 포함되었다. 우리는 "접촉해선 안 될 사람"들에 대한 사역의 부르심이 없을지라도 우리가 질색할 만한 상황에서 사역하도록 부름받았을 수는 있다. 아마도 거기에 포함되는 성격들은 짜증나고 남을 매도하는 것일 수도 있고, 그들이 분쟁을 해결하기 위해 아무데나 갔으면 싶을 수 있다. 매 경우에 우리는 긍휼이 많으신 주님을 대변하는 자로서, 하나님의 은혜를 입고, 섬김을 위한 부름에 응답해야만 한다.

존 드레이크포드(John Drakeford)의 탁월한 책 〈경청의 놀라운 힘〉은 편견 없이 객관적으로 다른 사람의 얘기를 듣는 것이 얼마나 중요한 일인지 설파하고 있다.[1] 우리는 이것이 쉽지 않다는 것을 알고 있다. 다른 사람이 말하는 것에 주의를 기울이고 그의 말이 끝나기 전에 그럴 듯한 답변이나 제안을 주려고 하지 않는 것이 사역의 중요한 도구가 된다. 따라서 우리는 어떻게 들어야 하는지 배워야만 한다. 그것은 모든 섬기는 지도자들이 반복해서 배워야만 할 과목인 것이다.

확신의 역할

섬기는 리더십은 확신시키는 것을 포함한다. 예수님의 사역에서 아주 좋은 한 예는 회당장 야이로에게 하신 것이다. 그는 마음이 괴롭고 산란한 상태에

---

1. 존 드레이크포드(John Drakeford), "경청의 놀라운 힘(The Awesome Power of the Listening Ear)" (텍사스 웨이코: Word Books, 1967).

서 주님께 나왔다. 그는 예수님의 발 아래 엎드려 "내 어린 딸이 죽게 되었사오니 오셔서 그에게 손을 얹으사 그로 구원을 얻어 살게 하소서(마가복음 5:23)"라고 간구했다. 예수님은 그와 함께 가셨다(5:24).

예수께서 딸을 고치러 가신다는 것을 알았기 때문에 의심할 바 없이 야이로는 즉시 안도했다. 그러나 가는 길에 예수께서는 치유받기 원하는 어떤 여인 때문에 멈춰 서시게 되었다. 이 여인은 오랜 세월 혈루증을 앓고 있었다. 그녀는 군중 속에서 예수님의 뒤로 와서 "그의 옷에 손을 대니, 이는 내가 그의 옷에만 손을 대어도 나을 것이라고 생각함이라. 이에 그의 혈루 근원이 곧 마르매(5:27-29)."

예수께서는 길을 멈추고 주위를 돌아 보셨다. 그리고 "누가 나를 만졌느냐"고 물어 보셨다. 대화는 처음에는 제자들과 그 다음에는 그 여인과 이어졌다(5:31-34). 이 모든 것은 시간이 걸렸다. 그동안 야이로는 그들이 빨리 주변에서 사라져서 예수께서 자신의 집으로 가시게끔 해야 한다고 절망적으로 기다렸음에 틀림없다.

예수께서 아직 그 여인과 말씀하실 때에 야이로의 집에서 사람들이 야이로에게 와서 그의 딸이 방금 죽었다고 전했다. 그러나 야이로가 그들에게 대답하기 전에 예수께서는 그에게로 돌아서서 이 놀라운 확신의 말씀을 하셨다. "두려워 말고 믿기만 하라(5:35)." 곧 이어 그들은 야이로의 집에 도착했고, 예수께서는 그 어린 소녀에게 생명을 주셨다.

확신을 주시는 예수님의 말씀은 그의 집까지 끝이 없어 보이는 길을 걸어가는 야이로를 안심시키고 힘을 북돋워 주었다. 관리자로서 그리고 긍휼을 베푸는 지도자들로서, 무리들 가운데 고통받는 이들에 대한 우리의 위로와 확신의 말은 삶의 고난 가운데서 그들로 하여금 포기하지 않도록 한다.

이와 똑같이, 우리의 동료들 역시 우리가 고민하거나 어려운 결정을 내려야 할 때, 우리에게 바른 말을 할 경우가 있을 것이다. 그들은 아마 우리에게 사역을 하고 있다는 것을 모르겠지만, 하나님께서는 그들의 격려의 말을, 어려운 상황에서 힘을 공급하시기 위해 때에 맞게 사용하신다. 섬기는 지도자로서 우리가 동료나 직원이 어떤 짐을 지고 있는지는 모르지만, 우리가 확언(affirmation)을 해줄 때 하나님께서 우리와 함께 그 일을 하신다는 것을 믿을 수 있는 것이다.

다가가서 접촉하기

섬김은 때때로 신체적으로 누군가에게 경의를 표하는 것을 요구하지만, 다른 사람과 접촉하는 것이 모든 사람에게 편한 것은 아니다. 예수님의 사역 방법은 모두 다르셨다. 어떤 이들은 만져 주셨고, 어떤 이들에게는 단지 말씀만 하셨다. 사람들의 서로 다른 필요에 대한 아버지의 뜻에 민감하셨다. 예수님은 그 사람이 있는 바로 그곳에서 그 사람의 필요를 채워 주셨다. 혈루증 앓던 여자, 귀신 들린 남자, 연못가의 장님, 그리고 그 외의 많은 사람들을 다시 생각해 보라.

때때로 신체적 접촉이 치유를 가져오는 유일한 수단일 수 있다. 성령의 인도하심을 따라, 그런 신체적 접촉을 시행하라. 격려의 말과 함께 잡아 준 따뜻한 손은 그 사람에게 엄청난 도움이 될 수 있다.

섬김이 모두에게 쉬운 일은 아니다. 어떤 이들은 항상 지속적으로 섬기는 것을 좋아하지 않고, 종종 누구를 섬길지 선택하고 싶어한다. 그러나 남을 인도하는 자들은 동시에 섬기기 위해서도 부름받았다. 이 둘은 불가분의 관계이다.

많은 사람들이 이것을 염두에 두고 섬김의 개념을 다시 생각해야만 할 것이다. 만약 당신이 섬김에 대해 부정적인 생각을 가지거나, 섬기는 것이 다른 사람보다 "못하기 때문"이라고 믿는다면, 당신은 다른 사람들을 섬기는 것이 원망스럽고 분노하는 경향을 가질 것이다. 이것은 당신이 의지적으로 섬김을 리더십의 한 부분으로 받아들여야 한다는 것을 의미한다. 그리고 앞으로도 의지적 행동으로 즐겁게 섬김을 선택해야 할 것이다.

섬기는 리더십을 배우는 지름길

다음의 세 가지 제안은 섬기기를 간절히 원하는 사람들을 돕기 위한 것이다.

1. 당신의 삶 속에서 섬김을 촉구하는 계획들을 세우라. 당신 자신이 병사들로부터 멀리 떨어져 있으면서 명령을 내리고 사격을 지시하는 사람으로 생각하는 것은 쉽다. 그런 태도는 얼마간 먹혀들 수 있을 것이다. 그러나 이것은 곧 조직의 붕괴로 이어질 것이다. 군대는 멀리 서서 명령만 하는 것이 아니라 모범을 보임으로써 직접적으로 이끌어 가는 지도자를 필요로 하기 때문에, 권위는 항상 섬김과 함께 긴밀히 작용해야만 한다.

  당신의 조직에서 무엇이 일어나고 있는지 알기 위해 돌아다녀 보라. 종종 어떤 일이 있는지 알기 위해 정기적으로 두어 시간씩을 할애하라. 사무실에 들어가서 사람들에게 필요한 것들과 특별한 성취와 즐거움에 대해 물어 보라. 필요들을 충족시킬 방법과 수단들을 간단하게 토의하여 보라. 종종 어떤 문제는 간단히 "때에 맞는 말(잠언 15:23)"을 함으로써 즉석에서 처리 될 수 있다. 이 모든 것에 필요한 것은 배려하는 것이다.

2. **예수님을 본받아 당신의 섬김의 모습을 만들어 나가라.** 결국, 우리 주님이 궁극적인 섬김의 모델이시다. 그분의 섬김의 방법과 수단을 연구하라. 그분이 말씀하시는 방법, 그분의 긍휼하심의 표현, 그분은 언제든 도움을 주셨다는 것을 주목하라.

3. **주기적으로 자기평가를 실시하라.** 다음의 질문들은 새로운 관점에서 섬김을 돌아보고 섬김의 목록 가운데 당신이 어디에 있는지 조절해 나갈 수 있도록 당신을 도와줄 것이다. 만약 당신이 이 여섯 가지 항목들을 다 섭렵하게 되면, 당신은 섬김의 문제에 있어서 좀더 객관적으로 자신을 보기 시작할 것이다. 각 문제들을 1에서 10까지 점수를 매겨 보라. 1은 최저점수이고 10이 최고점수이다.

- 나는 자신의 가치를 위태롭게 하지 않으면서 긍정적인 방법으로 남을 돕는 것이 가능할 정도로 충분히 그리스도와의 관계에서나 나 자신의 내면에 있어서 확고한가?
- 나는 내가 인도하는 사람들의 잠재력을 실현시킬 수 있게 섬기는 데 진정으로 헌신되어 있는가?
- 나는 그러한 섬김이 나에게 부과하는 새로운 요구들과 훈련들에 기꺼이 직

면하려고 하는가?

- 나는 섬기는 자들이라면 종종 치러야 하는 대가로 매일 자기를 포기하는 결정적 행동들을 기꺼이 하는가?
- 나는 나 자신과 내가 섬기는 사람들과의 관계를 정립하고 튼튼히 하기 위해 항상 배우는 자의 자리에 그리고 때로는 듣는 자의 자리에 기꺼이 있으려고 하는가?
- 나는 내 삶의 주된 의미가 섬김이라는 것을, 하나님의 목적으로 기꺼이 받아들이는가?

당신 자신의 점수를 근거로 이렇게 물어보라. "나는 나 자신을 섬김을 위해 헌신한 사람으로 간주할 수 있는가?" 만약 점수가 5미만이라면 물어보라. "섬기고자 하는 나의 열망을 무엇이 막거나 방해하고 있는가?"

당신 자신에 대한 더 나은 평가와 점수를 향상시킬 수 있는 마지막 질문은, "좀더 그리스도처럼 섬기기 위해 어떤 명확하고 정확한 행동을 취해야만 하는가?" 하는 것이다. 그리고 그 대답에 맞는 행동을 하라!

만약 당신이 예수님을 따라 산다면, 그리고 사도 바울과 같이 그것이 당신의 삶의 목적이라면, 당신은 섬기기에 충분한 긍휼을 베푸는 지도자가 될 것이다.

10장
궁극적인 기쁨
THE ULTIMATE JOY

궁극적인 기쁨

하나님의 말씀의 원칙들을 적용하라

섬기는 리더십은 쉽게 숙달되지 않는다. 하나님의 은혜로 구원받은 죄인들에게 이것은 자연스럽게 찾아오는 것이 아니라 배우고 실천할 때, 하나님의 진리가 빛을 발하고 지혜가 미소 짓게 한다. 물론 모든 사람들이 긍휼의 섬기는 지도자가 되도록 부름받는 것은 아니고, 단지 섬기는 마음을 가지도록 부르심을 받는다. 섬기는 지도자들은 특별한 소명이 있다.

느헤미야를 생각해 보자. 여호와께 완전히 헌신한 이 유대인은 예루살렘으로 돌아가 대적들에 의해 파괴된 성전을 재건할 수 있게, 포로였던 자기를 풀어 주십사고 페르시아의 아닥사스다 왕을 설득할 수 있었다(느헤미야 2:1-9). 이것은 나약한 사람을 위한 프로젝트가 아니었다. 예루살렘에서 느헤미야는 "이방 사람들을 떠나게 하고, 또 제사장과 레위 사람들의 반열을 세워 각각 자기의 일을 맡게 하였다(느헤미야 13:30)." 그들의 지도자 느헤미야가 하나님과 그의 백성의 영광을 되찾기 위해 살았던 진정한 섬기는 지도자였기 때문에, 이 충실한 사람들은 예루살렘의 성전에서 곧 희생과 제사를 회복시켰다.

삶의 가치로운 다른 훈련들처럼, 우리가 주 예수의 권위에 복종하고, 다음과 같은 주의 말씀의 원칙들을 우리의 생활에 매일 적용시킬 때, 변화는 서서히 찾아온다.

1. 우리가 우리 자신의 역할을 다 하려면, 섬기는 리더십의 원칙들을 숙지하는 것은 필수적이다. 모든 신자들은 그리스도의 종으로, 또 그의 이름으로 다른 사람들을 섬기도록 부름받았다. 이 목자장께서는, 모든 행동을 말없이 지켜보시는 증인이시며, 모든 길에 보이지 아니하시는 안내자이시다. 그는 그의 능력과 사랑으로 우리를 돕고 격려하시기를 간절히 원하신다. 그리스도인들의 리더십은 겸손과 인내와 우리가 그의 발자취를 따를 수 있도록 우리에게 모범을 보여 주신 그 분에 대한 의존을 통해 행사되어야만 한다.

2. 섬기는 리더십은 우리의 태도로부터 시작된다. 예수 그리스도께서 그 자신이 종의 모양을 취하셨던 것처럼, 우리도 그렇게 살라고 권고하신다. 이것은 어느 누구에게도 저절로 되는 것은 아니다. 우리가 그리스도께 항복할 때만 우리는 섬기는 리더가 될 수 있다. 우리가 광야의 경험을 거쳐야만 주님의 태도가 우리의 것이 될 수 있다. 만약 우리가 섬기는 자들로서 이끌기

를 원한다면, 우리의 마음은 성령의 충만함과 인도하심이 있어야 한다. 섬기는 리더십은 우리의 태도로부터 시작된다.

3. 사랑은 섬기는 리더십의 핵심이다. 섬기는 지도자의 진정한 생활방식 중심은 하나님과 다른 사람들을 향한 사랑으로 가득 찬 마음이다.

그리고 이 사랑은 리더십 스타일과 행동으로 옮겨져야만 한다. 이것이 사도 요한의 권면의 의미이다. "자녀들아 우리가 말과 혀로만 사랑하지 말고 행함과 진실함으로 하자(요한 1서 3:18)." 예수 그리스도의 이 적극적 사랑은 희락과 화평과 인내를 포함하는 성령의 모든 열매를 동반한다. 이런 매력적인 자질을 갖춘 지도자를 따르기는 어렵지 않다. 그런 지도자는 따르는 사람들의 삶을 자신의 리더십 능력을 사용하여 멋지게 세운다. 이것은 개인의 자아 성취나 소득을 위해서가 아니다. 긍휼의 지도자는 섬기는 지도자이다. 그들은 사랑하는 자, 주는 자, 그리고 세우는 자들이다.

4. 어떻게 섬기는 지도자가 되는지를 성경의 인물을 통해 배운다.

믿는 자들에게, 단지 무엇을 하라고 말하는 데 그치지 않고 어떻게 그것을 해야 하는지를 보여 주시는 것이 하나님의 성품의 일부이다. 그리고 물론 성령의 능력으로 그 일을 가능케 하신다.

하나님은 섬기는 리더십의 모든 것을 우리에게 보여 주시기 위해 역할 모델을 또한 주신다. 비록 그들이 완벽하지는 않지만, 그들은 진정한 섬김의 리더십을 실천하는 길을 제시한다. 우리 주님은 우리가 긍휼과 섬김의 정신으로 그가 사셨던 것처럼 살도록, 그가 사역하셨던 것처럼 사역하도록, 그리고 그가 이끄셨던 것처럼 남을 이끌도록 우리를 초청하셨다.

5. 선한 목자의 역할은 섬김의 리더십을 보여 준다. 예수님은 우리가 능력 있는 섬기는 지도자의 자질과 실행을 잘 이해할 수 있도록 선한 목자의 예를 사용하신다. 이 모습은 구약과 신약의 양쪽에서 광범위하게 사용된다. 선한 목자는 (a)그의 양을 알고, (b)그 양을 위해 그의 목숨을 기꺼이 내놓으며, (c)그 양떼를 이끈다. 섬기는 지도자로서 우리는, 우리가 돌보는 사람들을 알고, 기꺼이 불편을 감수하며, 우리가 인도하는 사람들이 하나님의 뜻을 행하도록 도우면서, 우리의 생명을 내어 놓기까지 한다.

6. 섬기는 인도자는 어떻게 섬기는 제자가 될 수 있는지를 또한 알아야 한다. 오직 섬김의 지도자로만 부름받은 사람은 없다. 순종은 제자도의 열쇠이다. 적극적인 순종은 제자도의 모든 것이다. 하나님은 우리에게 하나님과 주께서 세우신 리더들에게 순종할 것을 명하신다. 성경은 우리가 지도자들의 권위에, 심지어는 왕과 관원들에게도 복종할 것을 요구한다(베드로전서 2:13). 리더십이 그들에게 기쁨이 되게 해야 한다. 만약 우리가 유능한 섬김의 지도자가 되기 원하면, 우선 잘 섬기는 제자가 되어야만 한다.

7. 섬기는 지도자는 하나님 앞에서 책임을 져야 한다. 섬기는 리더십은 특권뿐만 아니라 책임이기도 하다. 사도 야고보는 지도자들이 훨씬 더 엄격하게 심판받을 것을 경고한다(야고보서 3:1). 베드로는 목자장이신 예수 그리스도께서 그날에, 우리의 행한 것을 따라 상급을 주실 것이라고 선언한다. 하나님의 나라에서는, 책임감이 결여된 섬김의 리더십이란 것은 없다. 그러므로 우리는 우리의 마음과 뜻과 힘을 다하여 주님을 따라야 하며, 우리가 주 예수 그리스도를 긴밀히 따르는 것 처럼 다른 사람도 우리를 따르도록 초청해야 한다.

8. 섬기는 지도자들은 자발적 선택으로 인도해야 한다. 주님은 우리의 섬기는 리더십이 단지 법적 책임이나 영적 의무에 응답하는 그런 정도의 리더십을 훨씬 넘어서기를 바라신다. 하나님은 우리가 자원하여 열정적으로 다른 이들을 인도하기를 원하신다. 섬기는 리더의 가장 우선되는 소명은 하나님을 섬기는 것이고 그 다음은 보살피라고 위탁하신 사람들을 섬기는 것이다. 모든 섬기는 리더들은 자부심을 따라 움직이고 싶은 유혹을 받는다. 그러나 하나님은 예수님같이 우리가 겸손해지도록, 그리고 자비와 양선으로 사람들을 인도하도록 우리를 도우신다.

순종은 축복을 가져온다.

우리가 계속해서 받는 유혹은, 우리의 삶에서 남을 비판하고 리더들의 약점에 대한 점검표를 작성하는 것이다. 누가 이 테스트를 통과할 수 있겠는가? 우리의 부모들도, 목사들도, 고용주들도, 우리의 삶과 접촉하는 그 어떤 다른 중요한 리더들도 통과할 수 없다.

다른 사람들을 판단하는 대신에, 섬기는 리더십의 이런 원칙들을 자신의 리더십 유형과 비교해 보라―꾸짖거나 판단하기 위해서가 아니라 개선이 필요한 영역들을 찾아 내는 데 도움이 되도록 하기 위해서. 이 책의 목적은 당신을 격려하고 당신이 능력 있는 섬김의 지도자가 되도록 긍정적인 단계들을 밟도록 하는 데 있다.

이 귀한 추구를 당신 혼자만 하는 것이 아니다. 다른 그리스도인 형제 자매들도 함께 한다. 당신의 교회와 공동체 안에서 유능한 섬김의 지도자가 되고 싶어하는 사람들을 찾아 내라.

그리고 우리 주께서 섬김의 지도자로 행하고 싶어하는 순례자들을 돕기 위해 계시니 안심하라. 당신이 예수를 주로 따르며 성령의 인도함에 순복할 때, 주님은 당신을 격려하고 능력을 부어 주시기 원하신다.

긍휼의 리더십을 개발할 수 있는 가능성은 끝이 없다. 내일이면 새로운 기회들이 나타날 것이다. 당신은 어떻게 그것들을 맞이할 것인가? 어떤 차이를 만들 수 있겠는가?

모세도 같은 질문을 했을 것이다. 그는 바로의 궁정의 안락함에 머물고자 하는 유혹을 물리치고, 하나님의 백성들을 굴레로부터 구하기 위해 하나님의 섬기는 지도자가 되었다. 위대한 용맹의 사람 다윗은 시편을 썼고 하프를 연주했다. 솔로몬은 지금껏 살았던 사람 중에 가장 지혜로운 자였고, 여호수아는 이스라엘의 군대를 전투로 이끌었다.

그러나 도움이 필요한 사람들에게 하나님의 진리를 입증한 좀더 최근의 예들이 있다. 동네에 새로 이사 온 가정을 위해 베푼 당신의 친절, 외로운 영혼들을 위한 친근감의 표현, 믿지 않는 이웃에게 한 당신의 전도, 절망적인 가정에 준 당신의 금전적인 선물—이 모든 것을 우리를 섬기라고 부르신 그분이 기억하셨다.

섬기는 리더십은 저절로 되는 것이 아니다. 그것은 초자연적인, 전능하신 우리의 구원자, 하나님의 임재와 능력을 요한다. 우리가 종의 심령으로 이끌 수 있도록 주께서 우리 각자를 도우실 것이다. 그럴 때, 하나님과 우리가 삶을 나누는 사람들에게 모두 축복이 될 것이다.

| 마지막 말 |
차 세대 지도자들을 위한 경험자들의 충고

늘 새롭게 하라

서문에서 우리가 기술했듯이 리더십 논의는 주로 권력, 관리 및 조직에 초점을 맞추고 있다. 당신은 "종"이라는 단어를 변화된 리더십에 더하라. 그리고 이 책의 주제를 가지라—이것이 우리 주님이 우리를 "섬김을 받으려 함이 아니라 섬기러 오신" 그분을 따르도록 초청하실 때 의도하신 리더십이다(막 10:34).

긍휼을 베푸는 지도자의 마음속에 가장 중요한 것은 하나님의 뜻을 알고 이해하기 위해 그리고 그분의 지혜와 인도하심을 구하는 끊임없는 추구이다. "지도자로서의 한 개인의 발전이 끝나면, 그 지도자는 끝난 것이다."라고 필렌(E. A. Filene)은 말한다. 유능한 지도자는 지속적으로 배움의 상태에 있고자 해야 한다. 휴식이나 정체기도 있을 수 없다. 행정관리는 자신들이 지금 관리의 최정점에 있지만 계속해서 듣고 배우고자 할 때만 그 자리에 머물 수 있다는 것을 깨닫는다.

섬기는 지도자는 하나님의 말씀에 대한 철저하고 광범한 지식에 의해 특징지어진다. 그들은 자신들의 성경적 지혜와 하나님의 은혜를 분명히 이해하는 것을 활용한다. 그들은 하나님, 배우자, 자녀, 가족, 친구들, 직업 그리고 공동체의 우선 순위를 지키면서 겸손하고, 용기가 있으며 긍휼을 베푼다.

시선을 예수님께 고정하라

1987년에 나는 종의 리더십에 관한 책을 하나 썼다. 그 책에서 나는 그 주제에 관한 전문가가 아님을 시인했다. 사실, 나는 그 중요한 주제에 대한 이해에 있어 겨우 유치원 수준이었을 것이다. 또 나는 고백하기를 종의 리더십의 성경적 개념을 드러내는, 내가 흠모할 수 있는 역할모델을 많이 알지 못한다고 했다. 하지만 나는 내 인생과 리더십에 그 영역의 성장을 열망하였다.

거의 20년이 지난 지금, 종의 리더십의 주제는 책, 기사 그리고 심지어는 비디오 제작물의 실질적인 급증으로 널리 애용되었다. 하지만 내가 그 책을 쓸 때 최고의 모범으로 발견했던 모델은 현재도 여전히 최고로 남아 있다. 그분을 당신께 강력히 추천하고 싶다.

그분은 물론 예수님이시다. 그분은 어제도, 오늘도 진정한 섬김의 지도자이시다. 그분은 겸손히 자기를 비우시고 종의 형체가 되셨다. 예수님이 이 땅에 오신 것은 "섬김을 받으려 함이 아니라 섬기러 오셨고 자기 목숨을 많은 사람의 대속물로 주려 함이라"(마 20:28) 라고 하셨다.

우리가 유능한 섬김의 지도자가 되기 원한다면 점점 예수님과 같아져야 한다. 그리고 그일이 우리에게 일어날 수 있는 유일한 방법은 더욱 더 우리 자신을 주님께 내어 드리고 성령의 인도하에서 살아가는 것이다. 우리는 "예수님의 방법"으로 인도해야 한다.

집단을 세우라

당신이 하나님이 주신 가능성들을 개발하고 주의 사역에 참여하기를 추구할 때 다음과 같은 원칙들을 따르도록 하라!

섬김의 지도자는 발전을 저해하거나 파괴하는 위기들을 예상하고 그것들로부터 멀리한다. 만일 당신이 그렇게 할 수 없다면, 그것들을 견딜 수 있는 조치를 취하라. 자신들의 상관을 신뢰하고 상호간 알게 된 원인을 위해 기꺼이 싸우고자 하는 군병들로 구성된 전쟁준비가 된 참모들을 구성하라.

섬김의 지도자는 조직이 경험할 수 있는 곤란들, 장애물들 그리고 위기들을 대항할 수 있는 강하고 끈기 있는 일꾼들로 집단 구성원들을 개발한다. 이런 유형의 집단 구성원들은 조직의 비전과 목적을 붙들고 그것을 신뢰한다.

신중한 숙고와 기도 후에, 섬김의 지도자는 그 기관의 사명을 규정한다. 전 단계에 걸쳐 그 운영을 정비하고, 각 진술들을 명확하고 간결하며 초점을 맞추어 만든다. 당신의 조직원들이 옳은 일을 더 잘 할 수 있도록 격려하라. 왜냐하면 그들은 자신들이 진정으로 믿는 일에 헌신했기 때문이다. 당신의 사명진술은 필요한 경쟁과 헌신을 지적하는 정확한 기회를 규명할 것이다.

섬김의 지도자는 포기에 대한 훈련을 각 중요한 선택에서 나타낸다. 연약한 지도자는 뭔가 잘 되지 않는 일이 있으면 그것을 포기하지만, 각기의 변화를 위협으로 보지 말고 옳은 일을 바르게 할 수 있는 기회로 보고 궤도에서 벗어나지 말라. 체계적인 혁신은 진보의 에너지를 방출하는 지속적인 정책이어야 한다. 이러한 기회들을 잡으라. 혁신을 꾀하는 것과 새로운 계획을 조직하는 것은 이들이 낡은 제도에 묶여 꼼짝 못 하게 되지 않도록 분리시키는 것이다.

　섬김의 지도자는 좋은 성품을 지닌 다른 지도자들을 찾아서 기른다. 이들은 평범함을 거부하는 자이며, 그들의 역할을 심각하게 받아들이는 자이며, "나" 보다는 "우리"를 생각하는 자이고, 또 자신들이 지속적인 연단 가운데 있음을 받아들이는 믿음의 사람들이다. 당신의 임무는 새로운 지도자를 준비함으로써 당신이 떠나도 조직이 무너지는 일이 없도록 하는 것이다. 당신이 선택한 이 사람들에게, 당신이 없어도 조직이 운영될 수 있게 조직을 세워나가는 동안 그들의 특성과 개인성을 지킬 수 있도록 해주어야 한다.

　섬김의 지도자는 장기목표와 단기목표의 균형을 유지한다. 이렇게 함으로써 당신의 동료들이 세부사항을 무시하지 않고 전체 그림에 대한 분명한 시각을 가질 수 있다. 당신의 임무는 기회와 위기 사이의 균형을 창출하는 것이다.

　섬김의 지도자는 동료들이 즉각적으로 알 것을 기대하지 않는다. 대체로 사람들은 다양한 방법과 여러 각도에서 어떤 것이 설명될 때까지는 이해하지 못할 것이다. 마지막에 가서야 여명이 밝아올 것이다!

　섬김의 지도자는 은퇴하는 직원의 뒤를 이을 수 있는 사람을 열심히 찾는다. 당신이 세우고자 하는 것의 일차적 기초로 사람들을 개발하는 것을 보

라. 장점이 구별화되어 섬세한 과업을 맡을 수 있는 사람이 나타났는지 확인하라.

당신이 드러나지 않게 하는 모든 일의 목적은, 당신이 물러날 때에 그것을 맡을 섬김의 지도자를 개발하는 것이 되어야 한다.

섬김의 지도자는 우선적인 기초로 사람들을 개발한다. 조직은 부차적인 것이다. 사람들이 개발되면 조직은 필요한 기능을 다하게 되고 그 목적을 달성하게 된다. 당신이 사람을 기초로 하여 세우게 되면, 사람들이 지속적으로 변화하기 때문에 변화는 자연스럽게 도래한다. 조직원들의 가능성에 대한 인식은 어떤 조직체의 능력을 의미하는 것이다. 좋은 섬김의 지도자는 아랫사람을 "내 버려 둠"(그러나 완전히는 아니다)으로써 자기들 스스로의 잠재력을 인식할 수 있는 여지를 갖게 해주고 갈망하는 결과를 성취할 수 있도록 책임성을 갖게 한다.

지도자는 후임자들을 개발함에 아래와 같은 분명한 규칙만 있다면, 그것을 위임한다.

- 위임된 임무가 분명히 규명되어 있다.
- 위임된 임무에는 상호 목적에 대한 이해가 있으며 발전 보고서와 임수 수행의 마감일을 수용한다.
- 위임된 임무나 책임은 권한의 정도에 있어 균형을 지니지만, 분명한 업무의 책임성과 일을 제대로 하는 것에 대한 보고가 적절히 이루어져야 한다.
- 지혜롭고 적절하게 타인에게 임무를 맡긴다. 지도자는 모든 것을 다 위임하

는 위험은 피하는데, 유능한 지도자는 그 일이 다 이루어질 때까지는 자신에게 책임과 권한이 있는 일은 위임할 수 없다. 그는 그 비전을 지켜나가야 하고, 충분히 비전의 전이가 일어날 때까지는, 그리고 새로운 지도자가 수면에 떠오를 때까지는 그 비전의 수호자이다.

섬김의 지도자의 책임성은 피할 수 있는 것이 아니다. 우리가 목적을 이루는 과정을 추구하고, 우선순위를 지키며, 후보자들이 성공하도록 동기유발을 하는 데 있어 탁월성이란 책임의 기준이 요구되는 진정한 평가이다. 책임성을 추구함에 있어, 우리는 결코 차선에 만족해선 안 되며, 오직 탁월함만을 추구해야 한다.

섬김의 지도자는 멘토들이다. 그들은 다른 사람들 또한 멘토가 되어 사람들 간의 바른 유대가 구조화의 압력 없이 일어나도록 격려한다.

섬김의 지도자는 우선순위를 통해 생각한다. 이는 참으로 어렵다. 왜냐하면, 그 과정은 조직의 내부와 외부 사람들이 찾고 있는 아주 호감가는 것들을 포기하는 것을 포함하고 있기 때문이다. 하지만 당신의 기관이 가진 자원에 주의를 기울이지 않으면 열매를 얻지 못할 것이다. 이는 아마도 리더십의 극단적인 시험이 될 수도 있다—우선 순위를 통해서 결정을 내리도록 하는 능력과 그것을 고수하는 리더십의 시험 말이다.

섬김의 지도자는 건강한 긴장을 능률적인 결과로, 일을 생산성으로, "현상유지" 철학을 "개선을 위한 변화"의 철학으로 바꾸어 놓는다. 조직이 성공적으로 돌아갈 때 그들의 월계관에 안주하는 대신, 지도자는 변화와 강화를 더 일으키고 "향상시키자!"라는 구호를 외친다.

섬김의 지도자는 위험에 직면했을 때 중요한 의사결정에 대한 책임을 받아들인다. 이 때문에 그들은 오랫동안 숙고하고 사소한 것들로부터 멀리한다. 그들은 이 의사결정이 단지 경건한 의도가 아니라 행동하기 위한 헌신임을 안다.

섬김의 지도자는 바른 부서 혹은 바른 기관에서 옳은 일을 하기 원한다. 그들은 "내가 인격체로서 어디에 속하였는가?"라는 까다로운 질문을 한다. 최선이 되기 위해서는 어떤 종류의 일이나 사역 환경이 후보자들에게 필요한가에 대한 이해가 있어야 이 질문에 답할 수 있다. 그들은 뭔가에 성공하면 그것으로 밀고 나간다. 이는 자신을 새롭게 하는 가장 효과적인 길이다. 성공을 뒷전으로 미뤄놓고 문제에만 머물지 말라. 성공적임이 입증된 부분을 가지고 운영하라. 다시말하면, 조직의 필요와 기회를 그 힘과 능력에 부합시키라는 것이다.

섬김의 지도자는 중요한 문제에 관한 의사결정이 필요할 때 약간의 이의 제기와 불일치를 건전한 것으로 수용한다. 만일 이의 제기가 없고, 완전한 합의가 이루어진다면, 아무도 자신의 과제를 하지 않았다고 확신할 수 있다. 박수갈채에 의한 결정은, 그 결정이 진짜 이유에 관한 것이라기보다 현상에 관한 것이었을 수 있다.

불일치는 어려운 문제들에 관한 올바른 답을 얻는 진정한 방법이 될 수 있다. 조직을 위해서 무엇이 옳은지를 찾는 것은 누가 옳은가를 찾는 것보다 중요하다(왜냐하면 사람들마다 현실을 다르게 보니까). 만일 당신이 논의되고 있는 문제의 공통적 이해에 대해 이의와 불일치를 끌어낼 수 있으면 당신은 일치와 헌신을 창조하는 것이다. 아리스토텔레스 시대의 옛말에 초대교회 시대에 금언이 된 말이 있는데, 즉 필요할 때는 일치, 행동에서는 자유, 그리고 모든 면에서 신뢰하라는 것이다. 또한 신뢰에는 공개적이고 , 솔직한 이의제기가 요구된다.

섬김의 지도자는 업무수행을 본다. 그 과정 중에 지도자는 각 사람이 자신을 돕고 인도해 줄 멘토가 있는지, 사람들의 역량을 개발해 줄 스승이 있는지, 진보를 확인해 줄 평가자가 있는지, 그리고 그 사람을 용기를 북돋워 줄 격려자가 있는지(그가 무참히 실패한 후일지라도)를 살핀다.

섬김의 지도자는 헌신된 사람—먹고살기 위해서만 하는 사람이 아니라 이유가 있어서 일하는 사람—을 어떻게 찾고, 동기유발시키며 유지하는가를 안다. 지도자는 이러한 사람들이 자신들보다 더 잘할 수 있도록 개발한다. 그리하여 그들은 이러한 새 지도자들에게 조직을 위탁한다. 이러한 방법으로 그들은 미래를 세운다. 그러므로 종의 지도자는 반드시 과업이 성공적으로 완수될 때까지 집단에 동기를 불러일으켜야 한다. 이는 "뭉치면 살고 흩어지면 죽는다"라는 것을 분명히 이해한 결속력 있는 집단을 개발 및 유지하는 것을 포함한다. 이 모든 것 가운데 각자의 필요에 민감하고 신경을 써서 도와주는 것이 중요하고, 집단원들이 개인의 독특성으로 공헌토록 해주는 것이 중요하다.

섬김의 지도자는 그 조직을 위한 유능한 이사와 집행위원회를 확보한다. 그들은 지속적으로 리더십 개발전략의 기획에 관심을 쏟는다. 즉 잠재 가능성이 있는 리더를 뽑고, 각 수준별로 리더를 훈련하며 조직 내에서 수준별로 전문 개발정책을 수립한다. 그리고 새로운 아이디어, 절차, 훈련 등을 연구·개발한다. 그들은 유능하며 효과적인 조직구조를 만들고, 젊은 지도자감들의 자기개발을 격려하고, 화목한 조직 분위기를 개발 유지하며 유능한 조직적 리더십의 본을 보인다.

섬김의 지도자는 변화를 관리한다. 끊임없는 변화에 눈 멀거나, 서서히 죽어 가는 현상유지 증세에 무조건 항복하는 것을 허용하지 않는다. 사람들은 그 태도나 기술, 기대, 인지, 행동이 바뀌어야 한다. 조직의 구조는 권위관계의 부분에서, 존재 역할, 업무와 책임―생산적이지 못하고 제거된 어떤 기능, 위치, 부서나 위원회로부터 멀리해야 하는―의 영역에 있어서 변화가 필요할 수도 있다. 그럴 때 섬김의 지도자는 그들의 업무과정에 영향을 주는 변화하는 기술에 지속적으로 발맞출 수 있다.

섬김의 지도자가, 리더십 역할에 있어서 다음의 접근방식을 전문적으로 조화시킬 때 그 역할을 더욱 잘 할 수 있다.

- 지도자가 가진 권한의 정도, 권한의 종류, 이를 어떻게 쓰고 다른 사람이 이를 어떻게 받아들이는가 하는 점에서 어떤 효력을 발생시키는 영향력적 접근
- 관리적 지도자가 실제로 하는 일과 역할이 무엇인가를 강조하는 행동적 접근
- 지칠 줄 모르는 정력, 꿰뚫어 보는 직관, 놀라운 선견지명, 설득력, 동기유

발, 역량 등의 지도자의 개인적 성품을 강조하는 특징적 접근
- 주어진 상황하에서 개인이나 조직의 방향에 영향을 미치는 다양한 요인을 강조하는 상황적 접근

지극히 작은 자를 위해 하라

양심적인 결정과 하나님과 동료들 앞에서 청결한 양심을 가지고, 지속적으로 변화하는 상황과 생산성의 요청 가운데서, 업무와 개인 및 집단의 필요를 채우는 일에 섬기는 종의 지도자로서 기도하는 가운데 노력을 기울이라. 이 세 가지 영역의 필요를 채우고 잘 조화시키면 각 집단원들을 존중하고 개발하는 동안 공동의 목적을 달성하는 응집력 있고 생산적인 집단을 창조할 것이다.

게으르고자 하는 유혹을 물리치라. 실패의 두려움도 떨쳐버리라. 훈련이 잘 안 된 부분을 다루고, 조롱당하는 것을 두려워하지 않기로 결정하라. 방향 감각과 목적 의식을 늘 고수하라. 그리하여 후보생들이 그들의 은사와 능력을 인식하고 붙잡도록 해 주라.

또한 "이들 중 지극히 작은 자"를 위하여 뭔가를 하면 그분을 위해 하는 것이라는 것을 상기시키시는 최초의 긍휼의 지도자에게 순종하라.

| 부록 A |
기독교 리더십과 리더십 유형

지도자 정의하기

리더십은 여러 각도에서 볼 수 있다. 첫째, 리더십은 지위이다. 회사, 조직, 그리고 각 모임에는 지도자가 있다. 둘째, 리더십은 관계이다. 지도자에게는 추종자들—정의를 내린다면—이 있다. 사람들은 영감, 자기관심 혹은 조직구조 때문에 따르지만 추종자들은 당연히 있게 마련이다. 셋째, 리더십은 행동이다. 지도자는 그들이 수행하는 행동에 의해 알려진다. 어떤 사람들은 지도자의 자질이 많이 있지만, 지도력을 발휘하지 않으면 지도자라고 할 수 없다. 그리스도인의 리더십은 행동을 "왜 하는가?"에 대한 동기에 있어서 기본적으로 다른 리더십과는 상이하다.[1]

여러 해 동안 지도자를 어떻게 정의할 것인지에 대한 논란이 많다. 역할에 따라오는 자질과 성품 때문에 지도자가 되는가? 집단에서의 관계의 결과로 지도자가 되는가? 그가 한 일 때문에 지도자가 되는가?

일반적으로 특정한 사람 혹은 지도자나 관리자(행정, 간부, 책임자, 장교, 지배자 등)의 역할을 가진 사람들 사이에 혼돈이 있다. 이런 혼돈은 흔한 것인데, 보통은 착한 지도자들이 지도자의 위치에 있다. 그들이 지도자의 역할을 감당할 때까지는 지도자로 구별되지 않기 때문에 그 역할과 인물을 구별하기 쉽지 않다.

경영 방면의 최고권위자인 피터 드러커(Peter Druckr)는 그의 잘 알려진 책, 〈경영론(The Practice of Management)〉에서 이렇게 서술하고 있다. "리더십이란 참으로 중요하다. 사실 리더십과 바꿀 수 있는 것은 아무것도 없다. 리더십이란 만들 수도 개선될 수도 없는 것이다. 가르칠 수도 배울 수도 없는 것이다."[2]

피터 드러커는, 조직의 임무는 잠재적인 지도력의 자질이 효과적인 상태가 되도록 조정해 주는 것이라고 믿고 있다.

다시 말하자면, 지도력의 자질이란 한 개인의 근본적인 자질이라는 것이다. 그런 자질은 그 사람이 지도자의 위치에 가기 전까지는 확실해지지 않는다. 다 그런 것은 아니지만, 대부분의 지도력이 있는 사람들은 사실 지도력이 인정되어 그런 위치에 있게 된다. 그런 자질이 없으면 지도자가 될 수 없다. 그렇다고 잠재력 있는 지도자가 자동적으로 지도자 역할을 수행한다고 할 수는 없다.

그렇다면 지도자란 무엇인가? 가장 유용한 정의는 이것이다: "주어진

---

1. 이 부록에서 채택된 내용은 테드 엥스트롬과 에드워드 데이톤(Ted W. Engstrom and Edward R. Dayton) 의 책 〈The Art of Management for Christian Leaders〉(Grand Rapids, MI: Zondervan Publishing House, 1989), pp. 23-35에서 발췌하였다.
2. Peter Drucker, The Practice of Management (New York: Harper and Row, 1954), p. 158.

상황에서 따르는 사람이 있는 사람." 모든 사람이 주어진 상황에서 지도자가 되는 것은 아니다. 따르는 사람들이 있다는 사실에 의해 지도자로 인정되는 것이다.

근본적인 자질은 있는가?

그렇다면 모든 지도자에게는 지도자가 될 수 있는 근본적인 자질이 있는 것인가? 자신들도 지도자로서 다른 지도자를 연구해 온 사람들이, 여러 사람에게서 나타나는 몇 가지 속성들을 열거하고 있다. 이런 속성들을 보면 유전적이거나 특수 환경에서 배출된다는 것인데 어떤 자질들은 습득되기도 한다.

아이젠 하워 장군은 "사심 없는 헌신"이 우선되는 자질이라고 꼽고 있다.[3] 인간성을 초월하는 지도자의 자질이 있는데, 하는 일에 대한 신념, 달성하려는 목적 그리고 믿고 있는 주장들이다. 지도자들은 목적 달성을 위해 자신의 희생을 감수하는 사람들이다.

이 과업에는 용기가 필요하다. 뚜렷한 장애물에도 불구하고 인내하거나, 불충분한 정보를 가지고 결정하는 것 혹은 명예나 물질적 행복의 위험을 기꺼이 감수하는 일은 신념에 근거한 용기가 필요한 것이다.

이런 용기의 대부분은 단호한 성격에서 비롯된다. 결정을 내릴 때, 사람들은 우왕좌왕하지만 지도자는 결정을 내린 뒤 밀고 나가는 사람이다

---

3. Dwight David Eisenhower, "What is Leadership," Reader's Digest, June 1965, p. 50.

리더십은 설득력이 있어야 한다. 지도자의 목적과 뜻이, 자기들이 하고자 하는 헌신과 봉사에 합당한 가치가 있다고 확신할 때, 추종자들은 따르게 되어 있다.

흥미롭게도, 가장 탁월한 지도자는 실패와 성공의 책임을 다 짊어지는 겸손함을 갖고 있다는 것이 보편타당한 사실이다.

지금까지, 우리 각자가 소유하고 있는 자질에 대해 생각해 보았다. 그런데, 대부분의 리더십에서 보이는 것은 그들의 능력이다. 각자는 자기가 하는 분야에서 재능이 있어야 한다. 능력이 없으면, 전쟁에서 이기지 못하고, 원양화물선은 정박도 못 하며, 기독교 단체이든 아니든 어떤 조직도 살아 남을 수 없는 것이다. 능력이란 물론 어떤 일에도 대처할 수 있는 지성과 창조성을 말한다.

사람들이 생각할 때, 지도자란 훌륭한 인격과 비범함이 있는 사람들로 안다. 개인적으로 보나 또는 연구 결과를 보면 "인격"이 그런 근본적 자질 중의 하나는 아니라는 것이다. 성격이 온화하고 붙임성이 있는 지도자가 있는가 하면, 냉랭하고 쌀쌀한 성격, 대중에게 노출적인 유형과 매우 조용한 지도자도 있다.

맡은 일을 수행하는 방식으로 지도자를 분류할 수는 없다. 지도력에는 다양한 모습들이 있기 때문이다. 독재자, 폭군, 선정 또는 민주적인 지도자들도 있다. 어떤 사람은 자기가 본을 보여 인도하고 다른 이는 군중이 원하는 대로 이끌기도 한다. 어떤 이는 집단 내에서 잘하는 문제 해결사이고 다른 이는 순발력 있는 결단력을 뽐내기도 한다.

오늘날 같은 복잡한 사회의 역동성 있는 단체에서 지도자의 위치에 있는 사람들은 각자 특유의 처세술을 터득하고 있다.

좋은 지도자를 어떻게 찾는가?

피터 드러커의 지적처럼—만약 리더십이 "가르칠 수도, 배울 수도 없는"—것이 옳다면 어떻게 우리는 지도자를 찾아 훈련시키고, 가장 좋은 지도자를 선별할 수 있는가? 그 대답은 우리가 근본자질을 격려하고 향상시켜 주는 단체를 세우는 데 있다. 리더십이란 상황에 따른다. 즉 올바른 상황 속에서 올바른 집단을 올바르게 이끄는 올바른 지도자가 함께 어우러진 것이다.

정말 유능한 지도자란 광범위한 상황에 유연하게 대처할 수 있는 사람이다. 좋은 지도자를 찾아 키우고 싶은가? 헌신과 용기가 필요한 단체의 목적과 뜻을 세워 보라. 품위 있는 행동, 책임 그리고 실천을 목표로 삼아라. 그 사람과 그가 하는 일에 경의를 표하라. 좋은 지도자가 인정받고 클 수 있는 분위기를 만들어라.

일단 그런 분위기가 형성되면, 좋은 지도자는 배출되게 마련이다. 이때가 훈련이 시작되는 시점이다. 이전에 언급했듯이 지도자는 자기 분야에 필요한 능력이 있어야 한다. 중책을 맡을 사람은 특별한 수련이 필요하다. 그것은 학교나 현장에서 공식적으로 습득될 수 있다. 현장 습득의 경우 조심해야 할 일은 당사자와 책임자 모두가 수련의 중요한 목적을 이해하고 있어야 한다.

재능이 탁월한 사람이 반드시 지도자가 된다는 말은 아니다. 탁월한 재능만 믿고 지도자감이 아닌 사람을 배치하면 피터 드러커의 법칙만 입증하는 셈이다: "모든 사람은 결국은 자신의 무능함에 이르게 된다."

기독교 리더십이란 무엇인가?

지금까지, 기독교 리더십은 그 동기에 있어서 근본적으로 다르다는 말 외에는 크게 언급한 것이 없다. 하지만 흥미로운 사실은 개개인의 가치에 우선순위를 두는 조직은 각자의 품행기준이 높아지며, 상하 관계에 있어서 좋은 대화와 의로운 신념들이 타인을 능가한다는 것이다. 과거에는 흔히 크리스천 단체들의 개인적 업무수행의 기준이 세속적인 기준보다 낮았었다.

    기독교 리더십이란 무엇인가? 그것은 바로 사랑과 봉사에 기초를 둔 것이다. 그리스도와 그분이 보여 주신 모범을 따르는 지도력이다. 가장 훌륭한 기독교 지도자란 이기심 없는 헌신, 용기, 결단력, 온정 그리고 설득력을 가지고 남에게 훌륭한 본을 보여 주는 사람이다. 진정한 기독교 지도자는 물대야와 수건을 가진, 종 노릇하는 리더십 속에서 발견된다.

    이타적인 헌신은, 우리 기독교인은 하나님의 위대한 계획 안에 자기가 속해 있음을 알기에 가능한 것이다. 용기란 성령을 통해 그 능력이 배가 된다. 결단력은, 궁극적인 책임이 하나님만이 아니라 나에게 있는 것이라는 것을 깨닫는 것에서 나온다. 설득력은 바로 모든 이유를 뛰어 넘는 충성된 마음에 기초를 두고 있다. 겸손은 모든 일을 이루시는 분이 하나님이라는 사실을 우리가 알 때 생겨나는 것이다.

    당신은 기독교 지도자인가? 그렇다면 사람들을 이끌라. 리더십의 목적은 인도하는 데 있다.

지도력의 유형

지도력이란 무엇인가? 아무도 그것에 대해 확실하게 아는 사람은 없는 것 같다. 관리자가 하는 일을 규명할 수 있을지는 몰라도, 가장 광범위하고 근접한 의미의 리더십이란 "지도자가 하는 일"을 말하는 것이다. 지도자를 정의하고자 할 때, 한마디로, 지도자는 이끄는 사람이라는 것이다.

경영 이론가들—리더십의 정의를 내리기 힘들어 하는—은 리더십을 그 유형에 따라 생각하려고 했다. 광범한 의미로 보아 각 개인의 사람됨보다는 그 사람의 운영방식을 보려고 했다. 당신이 잘 알고 있는 지도자를 생각할 때, 그 지도자의 유형을 나름대로 간추릴 수 있을 것이다. "그 남자는 훌륭한 선수 또는 코치야!", "그 여자는 주역배우지!", "그 남자는 일인극 하는 사람이야!"

즉 우리는 지도자를 우리의 개인적 인식에 따라 묘사하는 경향이 있다는 말이다. 지도자의 유형은 각자의 생각에 따라 다르다. "유형"이라는 표현 자체가 지도자가 리더십 기능을 어떻게 발휘하며, 그 지도자가 이끌려고 하는 사람들이 어떻게 인식하는가 혹은 곁에서 바라본 사람에게 비추어진 모습에 의해 요약되는 것이다.

리더십의 유형에는 어떤 것들이 있는가?

특정한 유형에 따른 혹은 거기에 적절한 리더십의 유형은 조직의 테두리 안에서의 활동을 보여 주는 것이기 때문에, 조직이나 상황에 따라 각기 다른 유형의 범주 내에서 어떻게 특별한 유형으로 구분되는지 살펴보는 것이 용이하다. 현재 고려대상은 잠재능력을 가지고 미래에 리더십을 발휘할 사람보다는 이미 지도자의 위치에 있는 사람들을 살피고자 한다. 우리는 다섯 가지 리더십 유형을 살펴 볼 것이다: 관료형, 묵인형, 자유방임형, 참여형, 독단형. 우리는 조직 내에서 각 유형들의 지도자들이 어떻게 일하는지를 살펴 볼 것이다.

- **관료형**: 이 유형은 조직의 규칙과 규정에 중점을 둔다. 각자가 규칙을 준수하면 어려움이 해결되리라고 생각한다. 결정은 의회운영 절차에 따른다. 지도자는 한 외교관으로서 다수결 원칙에 따른다. 따라서 한 결정이 다수에게 받아들여지기 위해 타협은 중요하며, 서로 양보하는 것이 필요한 경우가 많다.
- **관용형**: 모두가 만족하기를 원하는 유형이다. 모든 사람이 행복해지는 것, 그것이 핵심이다. 기분이 좋으면 조직이 잘 되고 따라서 일의 성취도가 높다. 그러나 의견조정이 어려운 것이 흠이 될 수 있다.
- **자유 방임형**: 리더십이라 말할 수는 없고, 모든 것이 제 멋대로 운영되는 상태다. 지도자는 단지 현상유지만 하는 사람이다. 예를 들면, 한 목회자는 단체의 명목상의 대표자 역할을 하면서 설교만 하는 사람이고 다른 일은 직원들이 해결한다. 이 유형은 지도자가 자주 출타하거나 혹 임시직 경우의 지도자가 사용한다.

- **참여형**: 이 유형은 사람들을 의사결정 과정에 직접 참여시킴으로써 동기유발시킬 수 있다고 믿는 지도자가 사용하는 방법이다. 목적달성과 공유의식의 창출이라는 차원에서 해봄직하다. 여기서의 문제는 위기상황 에서의 대응이 지연되는 것이다.
- **독단형**: 이것은 권위주의적 해결방식으로, 사람들은 시키지 않으면 안 한다고 생각한다. 혁신정신이 결여되어 있고 지도자 스스로 자신이 없어서는 안 될 존재라 생각한다. 하지만 결정은 신속히 내려진다.

각 유형의 성격들

각 유형은 지도자의 개인적 관점과 그 동기에 대부분 의존하고 있음을 보여준다. 지도력의 기능이 사람들을 이끄는 일이기 때문에, 추종자를 모으는 일이 가장 중요한 것이다.

- **관료형 지도자**는 인간 관계 외의—어떤 규칙이나 규정을 통하여—최선의 해결방안이 있다고 믿고 있다.
- **관용형 지도자**는 자기 자신을 포함하여 모두가 평안하길 바란다. 내부적인 스트레스는 조직을 위하여 나쁘다고 생각한다(심지어는 비기독교적인 것으로 간주한다).
- **자유방임형 지도자**는 조직 스스로가 잘 운영되고 있기 때문에 더 할 것이 없거나, 핵심적 리더십의 발휘가 필요 없다고 생각한다.
- **참여형 지도자**는 보통 다른 사람들과 합력하여 문제해결하는 것을 즐긴다.

그들은 다른 사람들도 같은 방식으로 느낀다고 생각하기 때문에 합력하고 모든 결정과 목적을 공유함으로 대부분을 이룬다.
- **독단형 지도자는**, 사람들은 누군가로부터 지시를 받아야만 일을 처리한다고 생각하거나 또는 자기들이 모든 것을 다 잘 안다고 생각한다(다른 말로 하자면 독단형 지도자는 지배자로 보인다는 말이다).

최상의 유형은?

지도자나 추종자들은 모두 상이한 사람들이다. 말하자면, 상황에 따라 다른 지도력이 필요하다는 것이다. 조직의 리더십은 때에 따라 달리 할 것을 요한다. 조직이 계속적으로 변화하는 지도자에 따라 어려움이 따르듯이 각 지도자는 때에 따라 다른 리더십 유형이 필요하다. 그 유형은 조직의 목적, 조직의 현 시점, 당면한 필요에 따라 달라진다. 조직은 거듭나야 하며, 그래서 종종 다른 리더십 유형이 요구되는 것이다.

조직의 임무가 어떻게 리더십 유형에 영향을 주는지 몇가지 예를 살펴보자. 소방서는 적어도 약간의 독단적 리더십이 없으면 임무를 수행할 수 없다. 어느 조직이 임무를 수행—꼭 해야 할 일을 하기 위해 하는—하려면 독단적 리더십은 필수적이다. 화재 진화를 어떻게 할 것인지 의논할 시간이 없다. 훈련된 한 사람이 조직을 위해 결정하면, 그 조직은 결정에 따라야 한다. 그 후에, 이 다음에는 어떻게 하는 것이 최선인지에 대해 자유토론을 충분히 할 수 있을 것이다. 반면에 의료단체는 관용적 유형이 가장 효과적일 수 있다.

심지어 기독교 단체에도 독단적 유형이 필요할 수 있다. 선교사 철수나 극단적인 비용감축 같은 위기상황에서 지도자는 일방적으로 행동을 해야 하는 것이다.

조직은 다양한 단계를 거친다. 조직이 급성장과 확장을 하는 동안, 독단적인 지도력은 잘 활용된다. 예를 들어, 새로운 기독교 단체나 개척교회의 목회자는 종종 직관적으로 할 일과 그 처리방법을 잘 아는 영도력 있는 인물이다. 자신들에게 비전이 있기 때문에 달리 상의하지 않아도 능히 타인에게 영향을 끼칠 수 있다. 하지만 발전이 없거나 또는 다른 단체와 연합하게 되는 경우, 능력 있는 단체가 되기 위해서는 좀더 심사숙고해야 한다. 여기서는 참여적 리더십이 시대적 요청인지 모르겠다.

이 양자는 상황적 필요에 따라 조절하는 것을 고려해야 한다. 독단적 리더십은 화재 진압에는 효과가 있겠지만(사실적이건 혹 묘사적이건), 개인적인 문제를 다루는 데는 효과가 덜할 수 있다. 의료단체에서 생기는 위기상황에서는 누군가가 독단적 리더십을 발휘할 필요가 있다.

유형을 조직에 맞추기

지도자가 다양한 유형을 가졌다면 이상적인 상황이 될 수 있다. 때에 따라, 관용적인 유형에서 독단적인 유형에 이르기까지 언제라도 시의적절하게 리더십을 발휘할 수 있는 사람이어야 한다.

조직의 측면에서 볼 때, 조직은 필요와 "성과"를 잘 고려하여 "효과적인 전략"을 세울 필요가 있다. 대부분의 자원봉사 단체나 비영리기관은 공동의 비전과 목적을 바탕으로 설립된다. 이들은 (목적달성을 위한) 성공추구

전략을 가지고 있다. 새로운 단체들은 공동목적을 가진 사람들을 유치하기 위해 자신들이 가지고 있는 비전의 힘에 의존한다. 그러나 단체가 잘 되어 갈 때도 공동의 비전을 지속하는 수단은 필요하다. 목적을 공유하는 것을 포함하여, 리더십 유형을 조절하지 않으면 조직은 실패를 피하기 위한 전략을 채택하게 될 것이다. 독단적 유형이 더 이상 통하지 않는 규모로 조직이 커졌을 때, 만약 지도자가 참여형으로 리더십 유형을 변화시키지 못하면, 많은 경우에 (본인도 모르게) 자유 방임 방식으로 갈 수밖에 없다. 그러는 사이에 (현재 조직을 운영할 수밖에 없는) 리더십의 두 번째 책임단계는 대부분 관료형을 따르게 된다.

앞으로 어떤 방향으로 나아가야 하는가?

당신의 리더십 유형은 무엇인가? 경영에 관한 몇 가지 문헌들을 대강 살펴보면 도움이 될 것이다. 상이한 때에 상이한 리더십을 발휘한 것을 발견하게 될 것이다. 당신에게는 필요에 따라 유형을 변화시킬 수 있는 징후가 있는가? 혹은 지난 6개월 동안 내린 결정을 고려할 때, 늘 같은 방식이었는가(당신에 의해, 다른 사람에 의해, 다 같이 혹은 관료적으로)?

현재 당신의 조직에서 필요한 리더십은 무엇인가? 과제는 무엇인가? 그 단체는 어떤 성장 과정을 거치고 있는가? 현재 필요한 것들은 무엇인가? 리더십 조직원들과 이사들의 도움을 받아서 이것을 분석해 보라. 조직의 성장을 위해 각기 다른 영역에 다른 유형의 리더십이 필요한가?

지난 두 주간의 회의를 돌아보라. 무슨 일이 있었는가? 결정 사항을 통보만 했었는가(독단적 유형)? 결정을 도출하기 위해 함께 협조하기를 기대하는 마음으로 회의에 갔었는가(참여형)? 그냥 가만히 앉아서 제 삼자가 문제를 해결해 줄 것이라고 기대했었는가(관용형)?

아니면 원활한 운영을 위해 의사진행 절차를 운용하려고 참석했었는가(관료형)? 아니면, 아예 회의에 참석조차 않았는가(자유 방임형)?

만일 당신이 각 회의를 똑 같은 방식으로 처리했다면 한 유형에 고착되어 있는 것이고, 처해진 상황에 따라 대처 유형을 바꿀 것을 고려해야 한다. 유형을 바꿔 보기 전, 제 삼자로부터의 반응을 살펴보는 것도 도움이 될 것이다. 만약 한 유형만 고집해 왔다면 급작스런 변경은 사람들을 혼동시킨다. 의사결정 과정에 당신이 어떤 기대를 하는지에 대해 기본수칙을 천명하는 것은 필수적일 것이다.

| 부록 B |
당신의 상관을 성공하게 만들라

조직은 사람으로 말미암은 결과이다

당신은 개인을 위해 일하는가 아니면 조직을 위해 일하는가? 당신의 부하직원은 당신을 위해서 아니면 당신의 교회와 혹은 대리인을 위해서 일하는가? 아니면 그들은 오직 주님만을 위해 일한다고 생각하는 것인가?[1]

조직에서 각자가 가진 우선적 임무는 자신의 상관을 성공적으로 만드는 것이다. 당신이 어느 조직체에 일하러 가서 늘상 같은 일을 하고 있다면 좀 이상할지 모르지만, 가장 효율적인 조직은 개개인이 조직에 융화되어 조직이 곧 자신이라고 간주하는 것이다. 어떤 사람이 단체에 가입할 때, 조직 내에서의 능력은 어떻게 그 사람이 상사와 동료 그리고 부하직원들과 관계를 맺는가에 달려 있다.

관계는 능률적 조직을 위한 토대이다. 윗사람과 부하 간의 관계는 성경에서 말하는 우리 몸의 지체와 흡사하다. 손에는 손목이 필요하다. 손은, "난 몸을 위해서 일해! 그러니까 나는 손목이 필요없어!" 이렇게 말할 수 없는 것이다 두 사람이 통나무를 반으로 자르기로 합의했다면, 하나의 조직이 구성된 것이다. 공동의 목적에 합의가 이루어진 것으로 간주된다. 맡겨진 임무를 얼마나 잘하느냐 못하느냐는 전적으로 두 사람의 협조 여하에 달려 있다.

　　만일 동업하기로 결정했다면, 좀더 영구적인 조직이 구성되는데, 그 능률은 상호간의 관계에 지속적으로 달려 있다. 공동의 목적은 여전한데 가능한 한 효율적으로 통나무를 자르는 것이다.

　　사업확장을 하기로 했다면, 다른 집단에 하청을 주게 된다. 이제 그들의 관계는 더 미묘해진다. 하지만 작업수행은 여전히 쉽게 잴 수 있다. 창업회사가 보는 하청업체의 가치는 얼마나 많은 통나무를 제작할 수 있는가에 직결되어 있다.

　　조금 더 설명하도록 하자. 노력하면 성공은 따라온다. 제재소가 생기면 결국 목재소도 생기게 된다. 20년 뒤에는, 대형 목재농장을 경영하는 50명과 세 군데 목재소에서 일하는 47명, 영업외판에 10명, 그리고 창틀 부서에 115명을 포함하여 500명이 넘는 직원이 근무하게 된다. "나무 자르는" 사업이 이제는 "완제품 목재를 공급하는, 창틀부와 주택 건설업체"가 되었다. 고도의 관련사업으로 시작한 것이 이젠 확장된 사업이 되었다. 이제는 존스 브라더스 주식회사(Jones Brothers Inc.)의 목재부서로 가거나 제재부 혹은 외판부로 가서 일하게 되었다. 역할도 분담되었다: "나는 직공이다." "나는 외판여직원이다." "나는 지배인이다." 이제는 각자의 역할과 조직이 관계보다 더

---

1. 이 부록에 수록된 내용은 테드 엥스트롬(Ted W. Engstrom)과 에드워드 데이톤(Edward R. Dayton)의 책, The Art of Management for Christian Leaders(grand Rapids, MI: Zondervan Publishing House, 1989), pp. 117-122 에서 채택되었다.

중요하게 된다. 이전에 톱을 같이 잡은 상대편이 하는 일은 쉽게 알 수 있었던 반면, 제반 기계들을 다루는 기술자의 공헌도를 알기란 더 어려워졌다.

그러나 직원들이 자신들을 뭐라고 생각하든 상관없이, 조직은 사람들로 이루어져 있기 때문에 그들이 없이는 조직도 죽는 것이다.

관료주의적 경향의 조직

성공이 종종 유능함의 결과인 것같이, 성공은 유능함을 자아낸다(반드시 꼭 같지는 않아도!). 직분 내용이 문서화된다(좋은 것이다). 절차가 세분화되고(좋은 일이다), 방침들이 공식절차를 밟게 된다(좋은 일이다). 사람들은 점점 효과보다는 효능에 더 관심을 갖는다(좋지 않다). 경영방침 결정자와 수행하는 사람들 간의 시간적·공간적 거리가 멀어져서 사람들은 자기 스스로가 전체에 속해 있는지—그들이 중요하다고 믿는—를 느끼기가 어려워진다.

직공이 자신이 하는 일이 더 이상 중요하지 않다고 생각하는 때가 온다. 기술자는 기계에 기름치는 일까지도 적당히 얼버무린다. 지배인은 업무수행보다는 자신이 누릴 특전에 더 관심을 가짐으로써 조직은 사양길로 접어들게 되는 것이다.

조직에 대한 몇 가지 전제들

이 내용속에는 어떤 전제들이 깔려 있는 것일까?

- 조직이란 사람들 간의 구조적 관계의 산물이다.

- 이런 관계의 견고함 정도에 조직의 흥망이 달려 있다.
- 이 모든 관계는 공동의 목적, 개인의 동기 그리고 업무(역할) 수행능력(기술)에 기초를 둔다.

조직 자체에서 개발한 개인적 및 조직적, 윤리기준에 관한 전제들은 우리가 설명하는 가운데 그리 분명하지 않았다.

개인에 대한 전제

개인이 조직에 가입하면, 전제가 따르게 마련인데 이런 전제들이다.

- 조직에서 그들의 능력이 사용될 것이다.
- 동료직원들과 잘 지낼 것이다.
- 조직 내의 지켜야 할 특정윤리와 도덕기준 그리고 규율(규정)이 있다.

개인이든 조직이든 이런 전제를 따라 사는 데 실패할 경우, 이는 개인의 실패로 이어지며 궁극적으로는 결별하게 된다.

조직에 조화하기

우리는 종종 "조화"를 잘 이루는 사람과 잘 이루지 못하는 사람으로 분간한다. 조화의 요인은 무엇인가? 분명히 많은 요인들이 있다. 즉 재능, 성격, 그리고 경험 등이 그 요인이다. 그러나 중요한 것은 당사자가 조직과 관계하는가 개인적으로 관계하는가 이다. 우리는 조직에 가담해서 사람들과 함께, 사람들을 위해서 일하는 것이다.

윗사람과의 관계에서 성공하기

조직이 원하고 필요하다고 당신이 믿는 것보다 윗사람이 원하고 필요한 것을 이해하고 행동할 때, 실제적이고 중요한 결과가 따르게 마련이다. 첫째, 책임의 한계가 분명하다. 둘째, 대화가 훨씬 간결해진다. 셋째, 충성심이 나누어지는 것을 방지한다. 그 결과는 훨씬 능률적인 조직이 되고 조직원들은 훨씬 행복해진다.

"내 상사 먼저, 조직은 그 다음" 이라는 생각에 대한 우리의 반응은 즉각적으로 이렇게 나올 수 있다. "만일 상사가 얼간이라면? 만일 부도덕하다면?"

문제없다. 윗사람을 갈아 치워라! 어떻게? 필요하다면 직장을 관둬라. 그러나 윤리상의 문제가 아니라면 그 상사가 능력 있는 자가 되도록 당신이 할 수 있는 최선을 다하라. 그러면 어떻게 상사를 성공으로 이끌 수 있는가? 몇 가지 실제적인 생각들을 해보자.

- 당신의 상사를 공평하게 대변하라. 당신의 상사도 사람이고 연약함과 단점이 있게 마련이다. 당신 상사의 능력에 대해 말하고 그의 약점에 대해서는 말하기를 삼가라.
- 상사를 이해하도록 하라. 당신의 상사는 어떤 유형인가? 사람마다 다른 것이다. 상사가 어떻게 생각하는가? 왜 그런 방식으로 생각하는가? 그가 제일

잘하는 일은 무엇인가? 당신의 상사는 결정권자인가, 문제 해결자인가 아니면 양쪽 다인가?
- 당신의 방식이 더 나아보여도, 상사의 방식대로 하라. 언젠가는 상사도 당신의 방식을 따를 것이다.
- 상사에게 알리라. 상사를 놀라게 하지 말라. 당신의 상사가 결정해 주었으면 하는 내용과, 당신이 염려하는 문제들, 그리고 무엇을 하고자 하는지를 상사에게 말해 주어라.
- 상사에게 대안들을 허락하라. 만일 당신이 결정을 요구한다면, 몇 가지 선택할 수 있는 대안을 허락하라. 받아 들일 만한 대안들을 생각하라. 당신과 당신의 상사 양쪽 다 실망이 덜 할 것이다.

회사에 대한 충성심

해병대 같은 군대조직은 "조직에 대한 충성심"을 통해 단체정신을 세우는 일을 잘 하고 있지 않는가? 조직에 대한 자부심은 어떠한가?

어떤 조직은 그들의 현재와 과거의 업적 그리고 혹은 운영방법 등에 대해 엄청난 자부심을 갖고 있음을 부인할 수 없다. 하지만 특별히 집단 협동으로부터 나온 자부심은 해롭다기보다는 오히려 더 큰 상호 충성심에 자극을 줄 수 있다.

자원 봉사단체

이것이 지역교회에도 적용되는가? 우린 그렇다고 믿는다. 흔히 지역교회 조직(위원회, 이사회, 위탁위원회)은 그 목적보다는 하는 일 때문에 포위당하여 있다. 자원 봉사자들은 그 일의 책임자들이 하는 것처럼은 단체의 지도자를 묘사할 수 없지만, 그들이 가진 지도자에 대한 관심은 훨씬 더 클 것이다.

비판의 여지는 있는가?

개인적 헌신에는 세 가지 길이 있다. 위, 아래, 양 옆이 그것이다. 우리가 상대방을 가치 있는 사람으로 대하면, 우리에게도 동등한 대우를 해준다. 이렇게 하면 건설적인 변화가 수반되는 분위기를 조성한다.

조직에서 일한 적이 있는가? 당신의 상사를 위해 일해 보라. 당신은 그 일을 좋아하게 될 것이다.

| 부록 C |
리더십에는 사랑이 필수다

새 계명을 너희에게 주노니, 서로 사랑하라

내가 너희를 사랑한 것같이 너희도 서로 사랑하라

너희가 서로 사랑하면 이로써 모든 사람이

너희가 내 제자인 줄 알리라.

(요한복음 13:34-35)

A new commandment I give you; Love one another.

As I have loved you, so you must love one another.

All men will know that you are my disciples

if you love one another.

(JOHN 13: 34-35)

하나님께서는 우리 자신의 목적과 욕구를 위해 쓰라고 우리에게 능력을 주신 게 아니다. 하나님과 다른 사람들을 예수 그리스도의 사랑과 성령의 능력으로 잘 섬길 수 있도록 그분의 권능이 위임된 것이다![1]

비극적으로, 이 가르침은 사도 바울의 에베소서에서의 교훈, 즉 아내는 그 남편에게 순복하라(엡 5:22)는 부분을 남성들이 선호함에 의해 교회 역사를 통해 무시되어 왔다. 섬기는 것에 초점을 두는 것은 불행하게도 '그리스도를 경외함으로 피차 복종하라'(21절)는 바울의 주장과 함께 종종 경시되어 왔다.

내가 믿기로, 이 두 가지는 결혼과 종의 리더십에 있어서 성경적인 사랑의 개념을 이해하고자 할 때 매우 중요하다. 그리스도께서 우리를 사랑하신 것같이 우리가 서로 사랑할 때, 사랑 안에서 우리는 서로에게 순복하게 되고 그리스도께서 우리를 위해 자신을 내어 주심같이 우리도 서로를 위해 자신을 내어 주게 될 것이다!

"사랑"이라는 단어가 현대사회에서 너무 자주 오용되었기 때문에, 여기서 우리가 그 뜻이 무엇인지 확실하게 해두는 것이 중요하다고 생각한다.

요한 1서의 저자가 "하나님은 사랑이시라"(요일 4:16) 라고 썼을 때 그는 우리에게 간단하지만 심오한 개념을 제공하고 있다. 또 예수님의 가르침에서 하나님의 사랑은 무조건적—우리는 그런 사랑을 얻을 수 없다(받을 자격이 없다!)—이라는 것을 배운다.

하지만 성경은 우리에게 아주 실제적이고 가능할 수 있는 면에서 사랑을 규정하는 또다른 통찰력을 제공하고 있다. 만일 우리가 근본적인 동기로

---

1. 이 부록에 포함된 내용은 폴 세더의 책, 종의 〈리더십의 능력〉(Strength in Servant Leadership; Waco, TX, Word Books, 1987) pp. 43-57 에서 채택되었다.

사랑을 품고 있는 종의 지도자가 되고자 한다면, 이것을 어떻게 우리의 일상의 행동으로 나타내고 옮길 수 있을까? 결국 이는 한 가지로 말할 수 있는데 이것은 바로 그리스도가 행하셨던 것같이 우리도 행하고, 그분이 사랑한 것같이 사랑하고, 그분이 순복하신 것같이 순복하고 그분이 섬기셨던 것같이 우리도 섬겨야 한다는 것이다. 그러나 이 고상한 말을 실제적이고 실무적인 방법에서 따르고 살아가는 것은 또 다른 것이다.

사랑으로 인도하라

사랑으로 인도함의 흥미로운 본이 고린도전서 13장에서 발견할 수 있는 바울의 놀라운 가르침이라고 본다. 이 구절에서 우리는 사랑이 어떤 모습이며 우리의 삶 전체—그리고 특별히 종의 리더십 안에서 어떻게 살아야 하는가에 대한 생생한 모습을 발견할 수 있다. 사실, 고린도전서 13장에서 나타난 "사랑" 혹은 "자비"라는 말이 나올 때마다 "섬김의 지도자"라는 말로 대신해도 여기서 우리가 뜻하는 바에 부합하리라 본다. 우리가 그렇게 할 때, 우리는 섬김의 리더십의 실질적이고 운용할 수 있는 개념을 발견할 수 있을 것이다. 4절에서 7절까지의 구절을 개역함으로써 내가 무슨 말을 하는지 보여주고자 한다:

> 섬김의 지도자는 오래 참고 온유합니다. 섬김의 지도자는 투기하는 자가 되지 아니하며 자랑하지 않습니다. 섬김의 지도자는 자랑하지 아니하며 교만하지 아니하며 무례히 행치 아니하며 자기의 유익을 구치 않습니다. 섬김의 지

도자는 쉽게 성내지 아니하며 사람들이 과거에 실수한 것에 대해 원한을 품거나 오래 기억하지 않습니다. 섬김의 지도자는 불의를 결코 기뻐하지 아니하며 진리와 함께 기뻐합니다. 섬김의 지도자는 항상 남을 보호하고, 신뢰하며 언제나 최선의 기대를 합니다. 섬김의 지도자는 결코 포기하지 않습니다.

이것은 궁극적인 섬김의 지도자—예수그리스도의 삶에 대한 생생한 묘사이다. 그리고 이 묘사는 섬김의 지도자가 되고자 하는 우리 각자에게 중요한 본을 제공한다. 만일 하나님께서, 우리에게 우리 자신의 능력으로 이런 종류의 리더십을 끌어내도록 기대하셨다면, 우리는 실패하고 말 것이 자명하다. 예수님처럼 사랑하고, 인도하고 섬기고 하는 것은 예수님 자신의 힘과 능력이 요구되는 것이다! 주님 없이 우리는 이렇게 할 수 없다. 하지만 사도 바울이 우리에게 말하는 것처럼, "내게 능력 주시는 자 안에서 내가 모든 것을 할 수 있느니라"(빌 4:13).

그러나 복음의 좋은 소식은 우리가 종의 지도자가 될 수 있다는 것이다! 우리는 그리스도가 사랑하신 것처럼 사랑할 수 있다. 하나님이 원하시는 존재가 될 수 있고 원하시는 일을 할 수 있다—성령을 통해 가능하게 하시는 그분의 능력으로. 이것이 우리 각자에게 주신 하나님의 약속이다. 사도 바울이 젊은 디모데에게 "하나님이 우리에게 주신 것은 두려워하는 마음이 아니요 오직 능력과 사랑과 근신하는 마음이니"(딤후 1:7) 라고 썼을 때 이 하나님의 약속을 말해 주었다.

흥미롭게도 하나님의 사랑과 능력은 함께 한다. 아니면 이 둘은 함께 임한다고 표현하는 것이 더 나을지도 모르겠다. 이 두 가지가 이미 우리에게 허락된 것이다. 예수님께서 이 땅의 사역을 마감하려고 준비하실 때에 그분의 제자들을 데리고 감람산에 오르사 이 약속을 해 주셨다: "성령이 너희에게 임하시면 너희가 권능을 받을 것이다"(행 1:8).

사도행전에 있는 누가의 서술은 주님의 사명위임에 관한 것일 뿐만 아니라 곧 성취될 예언에 관한 것이기도 하였다. 사도행전 2장에서, 성령께서 제자들이 모인 곳에 강림하신 놀라운 사건을 우리는 읽었다. 성령의 능력이, 베드로가 예루살렘 저잣거리에서 부활하신 주님을 전하여 수천 명을 돌이키게 한 그 설교를 포함하여, 그들의 인생을 놀라운 방법으로 바꾸어 놓았다.(행 2:38)

오순절날 이런 깜짝 놀랄 일이 있기 전에, 베드로가 이런 영적 능력을 소유하고 있었다는 어떤 구체적인 증거도 없다. 예수님과 함께 있을 동안 예수님을 사랑하게 되었던 것은 물론 사실이다. 또한 예수님께서 베드로를 매우 신뢰하셔서 그를 "반석"이라고 부르시게끔 되었다. 주님께서는 베드로와 그 리더십 위에 그분의 교회를 세우시겠다고 말씀하셨다.

그러나 예수께서 잡히시던 밤에 그분은 가장 큰 시험에 직면하셨고 베드로는 예수님을 실망시켰다. 베드로가 겟세마네 동산에서 자신의 검을 빼들고 예수님을 지키려 했던 것은 사실이다. 베드로는 옳은 일을 하고 싶었으나, 굳게 설 능력을 갖고 있지 않았다.

그리하여 그는 주님을 부인했다. 그는 실패했고 심지어 예수를 모른다고까지 말했다!

우리들 대부분이 베드로를 닮았다. 우리는 진지하고 최선을 다하고자 하나, 그것으로 충분하지 않다. 베드로도 진지하였으나, 결국은 그도 성령을 받기 전까지는 성령의 능력을 갖지 못했다. 그 능력을 받고 나서야 그가 종의 지도자로서 담대히 예수의 증인으로 나선 것이다.

러스 레이드(Russ Reid)가 "무엇이 기독교 지도자들을 망하게 하는가? 우두머리들을 견제하기 위한 계획" 라는 탁월한 기사에서 권력남용에 대해 경고하고 있다. 그는 아래와 같이 말한 유명한 한 상원의원의 말을 인용한다:

> 내가 의원실로 가려고 내 사무실을 나설 때, 엘리베이터가 곧 바로 와서…. 지하층으로 내려가기 위해 필요할 때는 방향을 바꾸어 갈피를 못 잡는 승객들이 타는 층들을 지나친다. 내가 통로를 걸어나갈 때면, 경관이 나를 알아보고 와서는 내가 도착할 때까지 기다리도록 벨을 눌러 의사당으로 가게 해준다……. 의사당에서는[2]

이 말은 미 상원의원 마크 햇필드(Mark Hatfield)가 한 말이다. 이것은 권력—워싱턴 정가—미숙한 권력은 사장되고 오랠수록 충분히 보상받는—라는 고지대 기류 속에 있는 사람에게 수여된 권리와 특권에 관한 것이다. 햇필드(Hatfield) 상원의원은 그의 권력에 길들여지게 되었으나 그 자신이 인정하기를 이를 남용하지 않으려 하는 갈등은 끝이 없다고 하였다. 불행히도

---

2. Russ Reid, "What Ruins Christian Leaders?" Eternity Magazine, February 1981.

이 영역은, 엄청난 사역은 이루었지만 거기서 주어진 힘을 어떻게 행사해야 할지 모르는 기독교 지도자들의 이야기로도 가득하다.

그들의 초기의 비전—하나님께 절대적으로 의존적인 것과 함께—은 종종 악몽 같은 일인극으로 바뀌어 버린다. "일방적인 '감에 따른' 결정은 좋은 충고를 무시한다. '주님께서 내게 이것을 하라고 하셨다'는, 종종 이사들과 위원회의 지혜를 건너 뛰어버리는 것을 정당화시키는 경건한 상투적 문구가 된다."³

하나님께서는 우리 자신의 목적과 욕구를 위해 쓰라고 우리에게 능력을 주신 게 아니다. 하나님과 다른 사람들을 예수그리스도의 사랑과 성령의 능력으로 잘 섬길수 있도록 그분의 권능이 위임된 것이다! 유명한 로스앤젤레스의 변호사인 밥 탐스(Bob Toms)는 권력과 종의 리더십에 관한 다음의 통찰력을 말하고 있다:

> 예수님께서는 그의 능력과 어떻게 하면 천국에서 큰자가 되는가에 대해 매우 솔직하셨다. "너희 중에 누구든지 크고자 하는 자는 너희의 종이 되어야 하리라." 순자(荀子·Sun Szu)와 니콜로 마키아벨리(Niccolo Machivelli)가 있음에도 불구하고(이 두 사람은 동서양의 정치 권력에 대한 이론으로 유명한 사람들이다-역자 주) 예수님은 권력의 역삼각 구도를 가르치셨다. 즉 기독교 지도자가 되려면 그 사람은 반드시 (1)겸손해야 하고, (2)하나님의 권위에 순복하고 그리고 (3)목자가 필요한 자들을 섬겨야 한다. 지도자들은 위가 아닌 아래에서 그 일을 해야 한다. 다시 말하면, 복음은 절대적인 다이너마이트

(dynamite; 폭약)이다. 즉 정치권력, 부, 출생, 인종 그리고 성별은 이런 능력과 리더십에 있어 전제조건이 아니며 이를 위한 경쟁은 날카로운 것이 아니라, 진짜 크리스천 종의 지도자가 저변으로부터 대집단을 이끄는 것이다. 무엇보다도, 말은 많이 않아도 영원히 감동적인 일관성 있는 행동은 많은 사람의 가슴에 각인되었다. 말씀이 육신이 되어 오신 곳에서 용납과 '받아들여짐'이 있고 거기서 따르는 자들은 믿음의 재생산이 자연스럽게 일어난다. 마치 구걸하는 자가 귀한 양식이 생겼을 때 강압이나 협박 없이도 이를 나누듯.[4]

이것이 사도 바울이 젊은 문하생 디모데에게 편지할 때 갖고 있었던 생각이었다. 그렇다, 우리 자신의 힘으로는 약하고 두려워하며 우리의 힘으로 하는 증언은 그다지 확신이 없다. 하지만 우리가 하나님의 증인—주의 섬기는 지도자로서—으로 성령을 통해 권능을 갖게 된다는 것을 바울은 디모데와 우리에게 분명히 하고 있다.

바울이 고린도 교인들에게 편지를 쓸 때, 그 자신이 연단받는 동안 주께 받은 말씀을 전해 주었다. "내 은혜가 네게 족하도다 이는 내 능력이 약한 데서 온전하여짐이라"(고후 12:9). 사도 바울처럼 우리는 연약하나 하나님의 권능은 우리의 연약함을 통해 역사하여 우리를 두려워하는 사람에서 능력 있는 증인으로 변화시킨다. 종의 지도자로서 우리는 하나님께서 우리가 그리스도를 본 받는 것처럼 다른 사람들도 우리를 본 받도록 하나님께서 우리에

---

3. Ibid.
4. Bob Toms, ESEC 채플 예배시 설교에서 발췌 (허락하에 게재함).

게 위임하신 권능을 사용해야 한다(고전 11: 1).

성령의 열매

성령께서 우리에게 삶과 인도함을 위한 능력을 주시는 것처럼 다른 모든 자원도 주신다. 성경에서는 이를 성령의 은사와 성령의 열매로 표현한다. 성령의 열매는 갈라디아서 5장 22-23절에 묘사되어 있는데 "오직 성령의 열매는 사랑과 희락과 화평과 인내와 자비와 양선과 충성과 온유와 절제니."

이 모든 열매가 항상 모든 기독교인에게 가능하다고 생각한다. 우리가 예수 그리스도를 우리 삶의 구세주로 영접하고, 성령이 우리 안에 거하셔서 우리를 다스려 주시도록 할 때, 성령의 열매는 우리의 삶 속에서 그리고 삶을 통해 나타나게 된다. 이러한 것들은 우리가 개발할 수 있는 자질이거나 배울 수 있는 역량들이 아니다. 이러한 것들은 오직 성령에 의해서만 소유할 수 있는 것이다.

이 열매는 성령의 능력과 긴밀한 관계에 있다. 하나님께서는 우리에게 능력을 위해 능력을 주시지는 않는다. 우리가 하나님의 영광을 위해 살고, 하나님의 나라를 위해 다른 사람에게 영향을 미칠 수 있게 하기 위해 우리에게 능력을 주신다. 우리의 연약함이 그리스도의 왕국이 도래하는 길목이 된다는 것을 이해하는 것은 중요하다.

그리스도께서 우리에게 오셔서 우리 안에 성령으로 내주하실 때, 우리는 우리의 개인적 능력을 능가하여 일을 할 수 있는 권능을 받게 된다. 하나님은 성령의 열매와 능력이라는 보배들을 우리 속에 두셨다. 바울이 말하기를 주께서 가장 실제적이고 실용적인 이유로 그리 하셨다고 했다: "우리가 이 보배를 질그릇에 가졌으니 이는 능력의 심히 큰 것이 하나님께 있고 우리에게 있지 아니함을 알게 하려 하심이라"(고후 4:7).

사랑으로 세우라

종의 지도자로서 우리가 가족들을 이끌든, 직원들이든, 사회 조직의 참가자들이든, 아니면 교회 성도들을 이끌든 간에 우리는 다른 리더십 목표를 가지고 있다. 하지만 우리의 모든 목표들은 두 가지 중요한 원칙에 초점을 맞추어야 한다. 그것은 하나님의 뜻을 이루는 것과 우리가 인도하는 사람들의 삶을 세워 주는 것이다. 하나님은 결코 인격학대를 하시거나 난폭하게 다루지 않으신다. 주님은 그 종들이 주께서 허락하시는 모든 경험들을 통해 성숙해 가기를 원하신다. 우리를 세우는 것이 그의 나라를 세우는 것이요 그의 왕국을 세우는 것이 우리를 세우는 것이다.

우리는 소모품의 사회에 살고 있다. 우리는 일회용 종이컵과 일회용 접시의 사치를 즐긴다. 우리는 또한 플라스틱 숟가락과 종이 우유팩과 우리 생활의 일부가 되어버린 수천 가지의 일회용품도 마찬가지로 즐긴다. 우리는 물건이란 쓰다가 버리는 것으로 알고 있다. 우리들 대부분은 자가용 승용차를 2~3년 몰고 다니다가 다른 차로 바꿔 탄다. 우리는 물건들은 사용하여 소모되는 것으로, 그리하여 비교적 짧은 기간 안에 버리는 것으로 생각하고 있다.

불행히도, 이러한 마음가짐은 종종 대인관계에서도 찾아볼 수 있다. 어떤 젊은이들은 한 여자친구나 남자친구에서 다른 여자친구나 남자친구에게로 전전한다. 그리고 많은 성인들은 자신들의 전 배우자를 버리고 이 결혼에서 다른 결혼으로 옮겨 간다. 교회도 마찬가지의 영향을 받는다. 많은 기독교인들이 "철새 신자"로 알려져 있다. 그들은 자신들의 현재 취향이나 요구를 만족시켜 줄 수 있는 이 교회에서 저 교회로 옮겨 다닌다.

섬김의 지도자라고 불릴 우리들도 같은 기본적인 유혹에 직면한다―사람들을 소모품으로 사용하고자 하는. 리더십에서의 우리의 목표가 단순히 우리 자신의 이기적인 욕구를 이루기 위해서나 우리가 중요하거나 가치 있다고 생각하는 과업을 수행하기 위해서만 있어서는 안 된다. 우리가 늘 기억해야 할 것은, 하나님께서는 그 사람들의 삶 가운데 하나님의 뜻을 성취하도록 우리가 그들을 이끌 때, 우리에게 사람을 세우도록 임무를 맡겨 주셨다는 것이다.

에베소서 4장 2절에서, 바울은 사랑 안에서 서로 참음 혹은 용납함을 쓰고 있다. 이는 종의 리더십의 일부이다. 우리는 그리스도의 법을 이루기 위해(그리스도가 우리를 사랑하신 것같이 우리도 서로 사랑하는 것) 서로 참고, 다른 사람의 짐을 지도록 부름받았다. 다른 말로 하면, 우리는 그들이 문제가 있을 때 기꺼이 그 문제를 도와주어야 하고, 낙심하고 상처 입어 아파할 때 격려해야 한다는 것이다. 사랑은 타인의 필요를 내 것처럼 우리가 여기게 만든다.

하지만 사랑의 삶은 단지 사랑의 공감대 형성뿐만 아니라 말로도 표현함이 필요하다. 에베소서 4장 15절에서, 바울은 "사랑 안에서 진리를 말하여"에 대해 쓰고 있다. 종의 지도자들은 사랑 안에서 진리를 말할 필요가 있다. "사랑 안에서 진리를 말한다" 는 것은 무슨 뜻일까? 나는 격려와 방향제시에 대한 말을 포함한다고 믿는다. 동시에, 그리스도인 형제 자매들이 문제 가운데 있거나 죄를 짓다가 발각되었을 때 지도해 주고 도와주는 것도 포함될 수 있다.

바울은 우리가 사랑 안에서 진리를 말할 때, 진리를 말하는 사람과 듣는 사람 모두 그리스도에게까지 "자라 간다"고 말한다.

이 얼마나 놀랍고 경이로운 경험인가! 모든 진리의 근원이신 그분이 우리 서로 진실되게 대화하길 원하신다. 섬김의 지도자는 마치 주님이 우리에게 진리를 말씀하시는 것처럼 사랑 안에서 진리를 말하는 위험도 감수할 수 있도록 사람들을 깊이 사랑해야 한다. 우리가 그렇게 함으로써, 우리 주 예수 그리스도를 아는 은혜와 지식 가운데서 함께 자라 갈 것이다.

그러한 사랑과 솔직한 대화는 큰 위험을 감수해야 한다. 나는, 나를 너무나 사랑한 나머지 진리를 말해 주는 위험부담을 갖는 사람들에게 지극히 감사한다. 그들은 나의 절친한 친구요 가장 신뢰하는 친구들이다. 이것은 내가 "위험부담이 없는" 또는 "이기적인" 리더십이라 부르는 것과 완전히 대조적인 것이다. 이기적인 리더십은 파괴적인 것이다. 이는 사람들을 마치 소모품처럼 이용하고 학대한다. 우리가 사람들을 이용할 때마다, 우리는 그들의 삶에서 뭔가를 박탈하는 것이다. 세우는 것이 아니라 파괴하고 주기보다는 그들에게서 빼앗는 것이다.

내가 고등학교에 다닐 때, 연방정부에서 우리의 작은 도시 사우스 다코

타(South Dakota) 전체가 옮겨 가야 한다는 명이 떨어졌다. 우리 도시 근처를 흐르는 미주리(Missouri) 강에 주요 댐이 세워질 것이며 우리 도시가 자리잡고 있는 아름다운 계곡은 10피트 정도 높이의 물로 덮이게 될 것이라고 하였다.

그 결과로, 나는 두 해 여름을 이동 프로젝트에서 일을 하면서 지냈다. 한 해는 해체 반에서 일을 했는데, 옮겨 갈 수 없는 건물은 부수는 것이 우리의 일이었다. 벽돌과 목재로 잘 지어진 멋진 고등학교 건물 역시 해체의 대상이었는데, 나에게 가장 놀라웠던 일은 그 웅장한 건축물을 무너뜨리는 데 며칠밖에 걸리지 않는다는 것이었다.

그 반대로, 그 이듬해는 새 학교를 짓는 인부들과 일을 했다. 나는 거기서 벽돌공들의 "심부름꾼"으로 지냈다. 이전 건물을 무너뜨리는 데는 불과 며칠밖에 걸리지 않은 반면, 새 건물을 짓는 데는 수개월이 걸렸다. 당시 청년이었던 나는 인생의 전반에 있어 가장 중요한 원칙을 그때 배웠다. 즉 무너지는 것은 쉽고 빠르지만 세우는 것은 오랜 시간이 걸리고 어려운 것이라는 것을.

하나님은 우리를 건축자로 부르셨다! 우리는 이중 역할을 가진 건물을 세우는 즐거운 과업을 가졌는데—우리는 하나님 나라를 세우는 건축가요 하나님의 백성들의 삶을 세우는 건축자이다. 이는 우리가 어떤 리더십의 역할을 가졌는지에 상관없이 진리인 것이다. 교회의 목회자로, 주일학교 교사로, 스카우트단의 지도자로, 자녀의 부모로, 혹은 직원들의 책임자로서 나는 섬기는 지도자로 인생들을 세워 주라고 부름받은 것이다. 나에게는 나를 따르는 자들의 짐을 함께 지고 사랑 안에서 진리를 말함으로써 그리스도의 장성한 분량까지 함께 자라갈 수 있는 특권이 주어졌다. 내가 다른 사람들을 사랑 안에서 세워 갈 때 나는 그리스도를 위한 건축자인 것이다.

영 라이프(Young Life)의 대표인 밥 미첼(Bob Mitchell)은 이 진리를 그가 유권자들에게 보내는 감동적인 편지에서 매우 분명하게 표현하였다.

"섬기는 지도자란 그가 말한 대로 삶 속에서 구체적으로 살아가는 사람입니다……그 사람의 태도는 '용납'과 기꺼이 들으려 하는 것을 표현하고 있고……사람들을 한 인격체로 대하며 그들의 이름을 불러 줍니다. 이런 성품들은 리더십의 전체적인 개념 안에서 사소하게 보이겠지만, 아이들의 모임에서나 어른들이 그리스도의 주 되심을 질문할 때, 혹은 기독교인이 된다는 게 무엇인지를 궁금해 하는 동료들에게 섬기는 사람들이 줄 수 있는 영향은 얼마나 엄청나겠습니까."[5]

가장 중요한 것은 이것이 예수님께서 우리에게 본 받으라 하시는 리더십이라는 것이다.

---

5. Robert Mitchell, 1982년 8월 편지에서 발췌 (허락 하에 게재함).

| 부록 D |
용기 있는 리더십의 인물들

과거의 용기 있는 지도자들

정직성, 열정, 동기, 목표설정 그리고 헌신에 대한 도전이 차세대 지도자들에게 물밀듯 흘러 가는 것처럼, 우리의 본성은 돌진하는 것과 다른 표류자들과 함께 떠내려 가는 것을 피하고자 할 것이다. 하지만 후대를 위해 더 큰 필요를 따라 섬기고자 하는 긴급성은, 모든 개인적 안락과 안전을 위협하는 것을 무릅쓰고 거슬러 올라가는 비범한 사람들을 몰아붙이고 이 자질들이 지도자에게 있는 것이다. 장애물들을 극복하는 데는 또 다른 자질—용기가 요구된다.[1]

과거의 많은 기독교 지도자들은 그들의 확신, 대중 앞에서 복음을 전할 때의 용기, 어떤 대가를 치르든지 진리를 선포하고자 하는 용기, 미지의 땅에 가는 용기 등에 의해 특징지워져 왔다. 여기에는 YFC(Youth For Christ)에서 알래스카에 복음을 전하러 가서 목숨을 잃은 윌리스 쉔크(Willis Shenk)가 있다. 그는 미국에서 가장 넓은 주에 가장 작은 경비행기를 타고 도전했다가 생명을 잃었다. 하지만 그의 얘기를 듣고자 그날 밤에 모였던 사람들에게 끼친 그의 진심어린 인상은 영원히 각인될 것이다.

빌리 그레이엄(Billy Graham)은 1949년 포레스트 홈 크리스쳔 컨퍼런스(Forest Home Christian Conference)에서, 과연 자신이 성경을 제대로 전할 수 있을지를 의심했다. 그 의심 때문에 그는 밤새 기도하면서 하나님과 씨름했었다. 사람들이 듣고 싶어하고 듣기 원하는 설교를 해야 할 것인가? 아니면 믿음에서 벗어나서 자신이 알고 있는것을 전해야만 하는가? 드디어, 오랜시간 산책하며 묵상한 뒤 그레이엄은 이렇게 하나님께 본질적인 답변을 했다: "이제부터 저는 제게 무슨 말씀을 주시든지 당신의 말씀을 액면 그대로 받아들일 것이며 다시는 의심하지 않겠습니다." 그리고 그는 두 번 다시 의심하지 않았다. 이것이 그가 설교할 때마다 "성경에 이르기를" 이라고 말한 이유이다. 이 구절이 그의 사역의 특징이 되었다. 이것은 그가 취한 용기 있는 발디딤이었다. 비평가들이 뭐라고 하든지 그는 성경 말씀을 가장 권위 있고 틀림없는 하나님의 뜻으로 붙들었다.

만일 당신이 목회자라면 당신의 도전은 지금도 동일할 것이다. 사람들은 자신들이 하나님의 말씀을 무시하면서 느끼는 죄책감을 잠재울 어떤 것을 듣고 싶어한다. 하지만 사람들이 들어야 하는 회개와 의에 관한 설교를 하려면 용기가 필요하다. 점점 더 많은 기독교인들이 뉴에이지(New Age)의 "영적 기술(Spiritual Technology)"과 "영혼 물리학(soul physics)"에 관심을 가지

---

1. 이 부록의 내용은 테드 엥스트롬(Ted W. Engstrom)과 로버트 라슨(Robert C. Larson)의 책 Seizing the Torch (Ventura, CA: Regal Books, 1988) pp. 113-131에서 채택되었다.

게 되었다. 이 내용들은 교회에 대한 헌신을 요구하지도 않고 개인의 권력을 잃지도 않는다. 그러나 우리 삶의 주인되신 예수님의 십자가에 죽으심에 대한 내용을 가르치려면 용기가 있어야 한다.

많은 회중들은 개인적 편안함과 즉각적인 만족을 원한다. 타인의 필요에 대해, 부부에게 인내와 오래 참음에 대해 설교하려면 용기가 있어야 한다. 오늘날 본국의 회중들이 필요한 역량을 얻을 수 있는 한 가지 방법은 과거 해외 선교사들이 보여 준 역량의 본보기를 바라보는 것이다. 비록 그 장소는 낯설고 아주 멀어도, 그 교훈은 오늘날의 다원적 사회의 도전에 가깝고 친숙할 것이다.

구두 수선공들과 순교자들의 용기

현대 선교운동의 기간은 윌리엄 캐리(William Carey)로 거슬로 올라간다. 그는 용감하게, 18세기 후반 영국에서 자기의 구두 수선가게를 떠나 인도(India)로 떠났다. 그의 모범적인 삶과 열정적인 인도 선교는 기독교 세계의 선교에 대한 새로운 노력에 불씨가 되었다. 많은 선교단체들이 현지에 사람을 파송하고 그들을 그곳에서 머물도록 하기 위해 재정모금을 하려고 일어나기 시작했다.

캐리는 인도에 필적할 수 없는 영향을 미쳤다. 그는 침례교회 운동(Baptist Church Movement)을 일으켰고 성경을 인도의 네 가지 주 언어로 번역하였으며 지금 그 나라에서 가장 큰 대학과 신학교를 시작하였고 인도에서 최다 부수를 가진 신문사 중의 하나가 된 곳에서 편집자로 있었다.

데이빗 리빙스턴(David Livingstone), 아도니람 저드슨(Adoniram Judson), 메어리 슬레스(Mary Slessor), 허드슨 테일러(Hudson Taylor) 그외에도 다수가 세상에서 가장 불친절하고 외진 곳으로 복음을 들고 용기 있게 나아갔다. 그들은 말씀에 가장 민감한 선구자들이었다. 그들 중 다수는 순교자들이다. 그들은 복음을 한 번도 들어보지 못한 곳에 광야와 정글 속을 목초를 베어 가면서 들어가서 일찍이 목숨을 잃었다.

모스크(Mosque: 이슬람사원)의 기적

금세기의 가장 용기 있는 사람들 중의 한 사람은, 스스로 영구 대통령직에 오른 이디 아민(Idi Amin)의 고삐 풀린 분노와 반 미치광이의 발광을 그대로 당한 우간다 사람, 알젤리칸 주교 페스토 키벤젤(Festo Kivengere)이다. 1971부터 1979년까지, 8년이라는 긴 세월 동안, 그 땅에는 무고한 남녀노소의 피가 흘렀다.

아민은 무차별적이었다. 그는 전형적인 편집증 환자로, 모든 구석구석에 원수가 숨어 있다고 생각하였고 그 모두가 그에게 위협이 되었으며, 그것이 상상이든 사실이든, 그 대상들은 상상을 초월하는 끔찍한 방법으로 처리되었다. 아민의 악명 높은 정보부는 이 적들을 선별하여 고도의 전문화된 지하 조직을 통해 살해하거나 불구로 만들고 우간다의 가장 총명한 사람들 대부분을 말살시켰다. 그는 자신의 권력과 범죄를 지속시키기 위해 모든 가능한 수단을 모두 동원하였다.

하지만 키벤젤(Kivengere)은 이로 인해 위협받거나, 그리스도의 복음을 전하는 것을 피하지 않았다. 1997년이 되기 얼마 전, 키벤젤과 그 동료는 우간다에 있는 대학들 중 한 곳에서 모임을 가지고 있었다.

어떤 학생들은 만약 이 사람들이 기독교 복음을 이슬람 사원에서 전할 수 있다면 경이로울 것이라 생각했다. 이 학생들은 관계당국에 이 요청을 했고, 놀랍게도 그들의 요청은 허락되었다.

그 이슬람교 지도자들은 이 두 사람을 그들의 성일인 금요일에 말씀을 전하도록 초대하였다. 그들 중 600명은 모스크(이슬람 사원)에 들어가면서 신발을 벗고 그 두 복음전도자로부터 예수 그리스도에 관한 설교만을 몇시간 들었다. 예배를 드리는 동안, 그 설교자들은 사원을 따라 쳐진 휘장이 펄럭대는 것을 감지했고 200여 명의 여성들이 예수님에 관한 설교를 엿듣고 있는 것을 알게 되었다. 이 여성들 중 어떤 사람들은 이슬람 사원에 들어와서 이 남자들의 말, 세상에서 한 번도 들어보지 못한 말을 들을 수 있는지 자신들의 지도자들에게 물었다. 허락이 떨어졌고 그들은 베일로 잔뜩 가리고 들어왔다. 그리하여 남자들과 함께 이 두 사람의 아프리카 기독교인이 전하는 복음을 들었다.

이 일이 있고 얼마 후, 키벤젤의 주교 자나니 루웜(Janani Luwum)이 군대의 기습으로 아민의 부대에 의해 살해되었다. 키벤젤의 신실한 무리, 성령이 충만한 남녀와 어린이들이 총살과, 난자, 도륙당하거나 강간당하였다. 키벤젤은 그 나라에서 도주해야만 했으나 하나님의 은혜로 키벤젤은 이디 아민을 용서할 수 있었다. 그는 더 나아가 〈나는 이디 아민을 사랑한다〉라는 책을 썼는데 거기서 그는 이렇게 쓰고 있다. "십자가 위에서 예수님은 '아버지, 저들을 용서해 주옵소서 저들은 자기의 하는 일을 알지 못하나이다.' 라고 말씀하셨다. 이디 아민이 악할수록, 나는 더 용서해야 한다."[2]

아프가니스탄의 개신교 교회

1972년에 나는, 나의 절친한 친구 크리스티 윌슨(J. Christy Wilson)과 아프가니스탄의 카불(Kabul)에 머물 귀한 기회를 가졌다. 내 친구는 수년 전에 인근의 이슬람교 국가들의 정부 관리들에게 영어를 가르치러 거기에 갔었다. 그 당시에는 그 국가들이 세상에서 가장 핵심적인 이슬람 국가들이었다.

윌슨 박사의 지도력 덕분에 많은 서방국가에서 온, 수도에 살고 있었던 사람들로 그 지역의 신앙공동체가 형성되었다. 대사들과 정부관리들, 교사들과 그 밖의 사람들이 이 작은 기독공동체를 이루었고, 윌슨 박사는 그곳의 목자로 섬겼었다.

이 공동체가 아프가니스탄 국민들에게 복음을 전한 결과로, 잡히면 죽거나, 최소한 추방당한다는 사실에도 불구하고 수많은 아프가니스탄 백성들이 그리스도께 자신을 드렸다. 이 믿음의 사람들은 서로만이 아는 비밀집단을 형성하였지만, 위협과 죽음에 대항해서 공공연히 자신들을 감히 드러내지는 못했다.

---

2. "페스토 키벤젤 (Festo Kivengere): 1919~1988, "아프리카 기독교인 전기 사전(The Dictionary of African Christian Biography), http://www.dacb.org/stories/Uganda/kivengere_festo.html(2006년 3월 열람)

그러한 믿음의 공적 선포에 대한 두려움은, 미군이 테러와의 전쟁에서 카불을 장악할 때까지, 탈레반 정권 시절 만연해 있었다. 사실 탈레반을 몰아내기 위해 전쟁을 하는 동안 두 명의 용감한 지도자가 더 출현하였다. 이들은 데이나 커리(Dayna Curry)와 헤더 머어스(Heather Merce)로, 아프가니스탄 백성에게 그리스도를 전했다는 이유로 아프가니스탄 감옥에 갇혔던 개신교 선교사들이었다. 그들이 미군에 의해 극적으로 구출되기 전에 데이나와 커리는 복음증거를 계속하였다. 비록 그들은 죽음을 당하거나 종신형을 당할 수도 있었지만, 이 감옥 저 감옥을 전전하는 동안에 하나님을 찬양하며 그들을 사로잡은 자들을 위해 기도했다.

소망의 새끼줄(A Rope of Hope)
한 한국인 참전용사는 얼마 전, 한국에 어떻게 복음이 처음으로 들어왔는지에 대해 감동적인 이야기를 들려 주었다. 이야기는 1880년대 초로 거슬러 올라가서, 그때 중국 북부 지방에는 막노동을 하러 온 많은 사람들이 있었는데 그중에는 세 사람의 한국 사람들이 있었다.

그 지역에도 복음이 막 들어왔을 때였고 많은 중국 사람들은 선교사의 노력으로 그리스도에 대해 알게 되었다. 이 중국 기독교인 중에서 몇 사람이 그 세 사람의 한국사람에게 복음을 전하게 되었고, 그들은 드디어 그리스도를 구세주와 주님으로 영접하게 되었다.

이 한국 사람들은 기독교인이 하나도 없고 전하는 자도 없는 자신들의 나라, 한국에 복음을 전하기 간절히 원했다. 그때 당시는 다른 종교를 가지고 한국땅에 들어가는 것은 위법이었으나, 이 세 사람들은 아랑곳하지 않고 중국 성경(그때 당시는 한자가 한국의 언어로 사용되었다) 사본을 구해서 한국에 성경을 밀반입하기로 결정하였다. 그들은 자기 백성들에게 제일 먼저 성경을 전해주는 특권을 누가 가질 것인지를 제비뽑기로 정하였다.

첫 번째 사람은 성경 사본을 자기 짐 속에 숨겼다. 국경까지 도보로 가는 데는 수 일이 걸렸는데 거기서 그는 국경 수비대에 체포되었다. 수비대는 그의 짐을 뒤졌고 성경이 발견되어, 그 사람은 죽임을 당하였다. 며칠이 지난 후 그의 친구가 목숨을 잃었다는 소식이 남은 두 사람에게 전해졌다.

두 번째로 제비를 뽑은 사람은 성경을 몇 장씩으로 찢어서 그의 등짐 속에 따로 따로 숨겼다. 이제 그의 차례가 되어 국경까지의 긴 여정을 갔고, 수색을 당했으며 성경이 발견되었다. 그는 참수당하였다.

그 소문이 세 번째 사람에게 전해졌다. 그는 더욱 더 복음을 조국에 전해야겠다고 결심했다. 그래서 그는 아주 독창적인 방법으로 성경을 한 장씩 새끼줄처럼 엮었다. 그리고는 자기 짐을 모두 이 새끼줄로 묶었다. 그가 국경에 당도했을 때, 수비대가 짐을 풀라고 했지만 그는 의심받지 않고 입국하였고, 나중에 그 새끼줄들을 꼼꼼하게 풀어서 각 페이지마다 인두로 다려서 성경을 엮었다. 그 후에 그는 어디로 가든지 그리스도의 복음을 전하기 시작했다.

제3세계의 모든 기독교회들 중에 현재 한국의 교회들보다 더 흥미롭고, 급성장하며 능력 있는 교회는 없다. 1950년대 초 한국전쟁 직후, 서울에는 남아 있는 교회 건물이 거의 없었고 많은 기독교인은 피란민으로 남하하여

심한 핍박을 받았었다. 현재는 거의 950만 명 정도가 순복음 교회 소속이다.[3] 서울은 세계에서 가장 큰 순복음교회—조용기 목사님이 시무하시는 현재 78만 명 이상의 교인이 있는 여의도 순복음교회—의 본산이다.

그 세 번째 성경을 들고 들어온 사람의 용기와 "소망의 새끼줄"이 아니었다면 어떻게 많은 교회와 성도들이 그리스도 안에서 연합할 수 있었겠는가?

핍박의 땅

그런 영웅적 행동은 한국에만 국한되지 않는다. 수년 동안 콜롬비아는 핍박의 땅으로 알려져 왔다. 어려움을 겪고 있던 개신교회들은 심한 핍박하에 있었다.

수년 전에, 나는 서부 미시간(Michigan) 주에서 있었던 마라나타 성경 집회(Maranatha Bible Conference)의 선교사 대회에 참가 했었다. 하루는, 당시에 콜롬비아 선교사로 있었던 데이빗 하워드(David Howard)와 점심을 먹었는데, 데이빗은 당시 기독학생회(Inter-Varsity Christian Fellowship)의 세 어바나 학생집회(urbana Student Conference)의 총책임자였고 세계 복음화 협회(World Evangelism Fellowship)의 책임자로 섬기고 있었다.

점심을 끝낸 후, 데이빗은 콜롬비아에서, 건전한 복음적 교회의 지도자라는 이유만으로 처형당한, 자기의 절친한 두 젊은 목사의 순교에 대해 이야

---

3. "남한: 종교 (South Korea: Religion)," Wikipedia, 2003 census data. http://en.wikipedia.org/wiki/South_Korea (2006년 3월 열람).

기해 주었다. 그들을 잘 알고 있었던 데이빗은 그 친구들이 기꺼이 자신들의 생명을 순교자로 드린 사실에 깊은 감동을 받았다.

그러나 그들의 용기로 인해 무엇을 가져올 수 있었나 보라. 현재, 기독교 영화가 콜롬비아의 극장들에서 상영되고, 국영 방송망들에서 매주 라디오 복음 방송이 되고, 교회 문이 활짝 열려서 사람들로 가득하고 그리고 시내 공원 곳곳에서 복음 소책자와 전도용지를 건넬 때, 대부분은 괴롭힘을 당하지 않게 되었다.

비공식적 성자들

그러한 영웅적인 용감한 행동들은 극소수의 걸출한 인물들만의 비교할 수 없는 수확쯤으로 치부하기 쉽다. 하지만 그렇지 않다. 오늘날의 지도자들 역시 동일한 리더십 역할이 기대된다. 나는 당신이 그 횃불을 이어 받으라고 주장하고 싶다!

내 친구 피터 젠슨은 내 모교회의 교인이었다. 그는 잡역부, 배관공, 목수 그리고 건축가였다. 그는 여러 다른 상황 속에서 인도네시아에 있는 이리안 자야(Irian Jaya)로 선교사 공동체를 도와주기 위해 다양한 건축계획을 가지고 갔었다. 그렇게 함으로써, 선교사님들을 자유롭게 해드려서 복음과 사역훈련을 하실 수 있는 것이다. 피터는 사람들이 평범하게 했을 수 있는 그 일에 자신을 용감하게 헌신했다. 그가 비록 신학적으로는 훈련을 안 받았어도, 피터는 중요하고 영광스러운 사역에 자신의 특별한 기술과 은사를 사용하는 것이다.

그 다음에 나는 시애틀 워싱턴(Seattle, Washington)에서 온 데니 그린달과 지니 그린달(Denny and Jeanne Grindall)을 생각한다. 데니와 지니는 주님께서 자신들이 은퇴한 후 무엇을 하길 원하시는가에 대해 한동안 고민했다. 그들은 따뜻하고 헌신된 그리스도인이며 주님의 사랑이 그들의 일생을 통해 빛을 발한 사람들이다. 하지만 이 두 사람 다 이렇게 말한다. "우린 그냥 보통 사람들이에요……아주 보통 사람들."

그린달(Grindalls)씨 부부는 시애틀에서 번창하는 자신들의 꽃가게 사업을 잠시 떠나 몇 달간 그냥 여행을 가기로 했다. 그들이 동아프리카의 케냐(Kenya)에 있을 때 친구인 선교사가 그들을 유랑하는 마사이 부족(nomadic Masai people)에게 데려 갔다. 이들은 원시적인 삶을 살고 있었는데, 사망률은 매우 높았고 평균수명은 매우 낮았다. 그린달 씨 부부는 이들이 진흙 오두막에서 닭, 돼지 등 다른 동물들과 함께 지낸다는 것을 알게 되었다. 데니와 지니는 그 부족에게 다시 돌아가, 마음을 끄는 이 사람들과 함께 살면서 그 부락의 개발계획을 위해 함께 일해야겠다고 결심했다.

그린달 씨 부부는, 어떻게 물을 구하고, 돼지우리를 짓고, 위생시설을 개발하는지를 마사이 부족이 배우도록 도와주고자 했다. 그들은 또 자신들이 알고 있는 원예기술과 경험을 나누고 싶어했다. 초로의 이 부부는 매년 6개월씩을 마사이 족과 함께 살았고 이들은 참으로 아름답게 이 유랑부족에 의해 받아들여졌다.

한때 불결했던 오두막은 깨끗해졌으며, 건강수준은 매우 향상되었고 마사이 족 사람들은 좀더 오래 살게 되었다. 아이들은 더 이상 영양실조로 시

달리지 않게 되었고, 부락 전체의 삶의 질이, 태평양 북서쪽에서 온, 이 따스한 그리스도인들의 사랑의 보살핌과 관심을 통해 놀랍도록 향상되었다. 이 모든 것을 통해 데니와 지니는 놀라운 그리스도의 증인 노릇을 했으며, 수십 명의 마사이 사람들이 그리스도께 나오게 되었다. 그린달씨 부부가 보여 준 모범은, 어떤 교인이라도 그들의 용기를 통해 세상의 필요 내지는 자신이 속한 지역사회의 필요에 공헌할 수 있음을 보여 주는 것이다.

용기 있는 리더십의 최근의 예들

이 부록에 수록된 대부분의 예들이 이전 세기의 것들이긴 하지만 그 속에 있는 진리는 오늘날도 유효하다. 사실, 용기 있는 리더십의 21세기의 예들을 찾으려 너무 멀리까지 찾을 필요는 없다. 미 대통령 조지 부시(George W. Bush)는, 여론조사에서 비난을 받게 된다는 것을 알고 있었지만 자신의 믿음을 드러내는 기회를 놓치지 않았다.

텍사스의 쿼터백(quarterback: 미식축구 선수의 위치-역자 주) 빈스 영(Vince Young)은 2006년 대학 미식축구 전국대회에서 우승한 후, 비록 기자들이 그 말을 삭제할 것을 알고 있었지만 곧바로 하나님께 감사드렸다. 라키타 가트(Lakita Garth)와 레베카 세인트 제임스(Rebecca St. James)는, 다른 사람에게 자신들을 따르라고 하는 것이 시류를 거스른다는 것을 알고 있었지만, 대중과 언론 앞에서 그들의 혼전순결 서약을 했다.

게리 하우젠(Gary Haugen)과 로렌 베델(Lauran Bethel) 같은 사람들은 미성년자들의 불법매춘과 여성과 아동의 권익옹호를 위해 투쟁하자고 호소한다. 네이트 베이컨(Nate Bacon)은 샌프란시스코의 가장 험악한 동네에 살면서 갱 단원들과 빈곤한 이민자들을 돕는다. 다이앤 모스(Diane Moss)는 캄보디아에서 에이즈(AIDS)로 죽어 가는 사람들을 위한 집을 운영하고 있다. 다이앤이 그런 곳에서 베푸는 긍휼은, 감히 따를 자가 거의 없는 진실로 용기 있는 리더십이다!

우리는 전 세계적인 질병과 기근, 문맹, 지도력 공백과 영적 어두움과 싸우는 릭 워렌과 케이 워렌(Rick and Kay Warren)을 들 수 있다. 우리는 또 격심한 경쟁산업 속에서 윤리적인 기업경영의 뿌리를 확고히 내린 인터스테이트 배터리 회사(Interstate Batteries)의 회장 놈 밀러(Norm Miller)를 들 수 있다. 또 상어 공격으로 한 팔을 잃어버린 후, 바버라 월터스(Barbara Walters-미국의 유명한 여성 토크쇼 진행자-역자 주)와의 대담에서 진짜 중요한 것은 예수님이라고 말한 베다니 해밀턴(Bethany Hamilton)도 있다. 이외에도 예를 들자면 끝이 없다.

기독교 지도자로서, 예수 그리스도를 위해서 이 시류를 거스르는 고군분투를 가능케 하는 것은, 물을 가르고 강을 거꾸로 흐르게 하시는 하나님의 능력이다. 예수님께서는 참으로 믿는 자에 약속하시기를 "누구든지 나를 믿는 자는, 성경에 이른대로 그 속에서 생수의 강이 흘러 나리라"(요 7:38)고 하셨다. 당신과 내가 이 영적인 생수의 강이 계속 흐르게만 한다면, 우리는 세상의 어떤 엄청난 홍수와도 싸워 나갈 수 있다. 오직 필요한 것은 용기와 용기에 입각한 행동인 것이다.